Aufläufe und Gratins

Tandem Verlag, Königswinter
Copyright: © Ceres Verlag, Bielefeld

Nachdruck, auch auszugsweise, nur mit unserer schriftlichen Genehmigung und mit Quellenangabe gestattet.

Die Rezepte sind – wenn nicht anders angegeben – für 4 Personen berechnet.

ISBN 3-89731-049-X

In Zusammenarbeit mit Dr. Oetker

AUFLÄUFE
und Gratins

*Über 140 Rezepte mit saftigem Inhalt
und lockerer Kruste!*

VORWORT

Diese beliebten Schlemmereien aus dem Backofen finden ihren Ursprung mit Sicherheit in der Kreativität sparsamer Hausfrauen, die die Speisereste zu einem neuen, optimalen Gericht verarbeiten wollten. Welch ein Weg! Inzwischen sind die würzig-pikanten Aufläufe und knusprigen Gratins mit knackigem Gemüse, Reis oder Nudeln, Fisch oder Fleisch zu wahren Rennern geworden und genießen internationales Ansehen. Dabei sind nicht zu vergessen die duftigen, süßen Aufläufe mit Quark, Eiern, Sahne und vielen Früchten, die nicht nur als willkommener Nachtisch begehrt sind, sondern eine herrlich leichte, sommerliche Mittagsmahlzeit sein können.

In diesem Buch warten eine Vielzahl unterschiedlicher Aufläufe, Gratins und Soufflés darauf, erprobt zu werden.

GEMÜSE-AUFLÄUFE UND -GRATINS

Farbenfrohe Gemüse-Zusammenstellungen sind die Basis für leichte Aufläufe und Gratins und schmecken nicht nur Vegetariern. Verfeinert mit Eiern, Sahne, Crème fraîche, Käse und gewürzt mit vielen frischen Kräutern sind sie für viele die Stars unter den Aufläufen. Und wer es gern deftiger mag, fügt eine Schicht Gehacktes, Fleisch, Fisch oder Wurst hinzu.

GEMÜSE-AUFLÄUFE UND -GRATINS

ROSENKOHL-AUFLAUF

(Foto Seite 6/7)

500 g Rosenkohl
Salzwasser oder
2 Gläser Rosenkohl
(Abtropfgewicht 210 g)
500 g festkochende
Kartoffeln
2 Zwiebeln
20 g Butter
200 g durchwachsener
Speck in Scheiben
3 Eier
125 ml (1/8 l) Milch
125 ml (1/8 l) Schlagsahne
1 Becher (150 g) Kräuter
Crème fraîche
1 Bund Schnittlauch
Salz
Pfeffer
geriebene Muskatnuß
150 g geriebener
Emmentaler Käse

Den Rosenkohl putzen, waschen und in Salzwasser in etwa 15 Minuten knapp gar kochen, auf einem Sieb abtropfen lassen, oder den Rosenkohl aus dem Glas abtropfen lassen. Die Kartoffeln waschen und mit Wasser bedeckt in etwa 20 Minuten gar kochen, abgießen, pellen und längs vierteln. Die Zwiebeln abziehen, halbieren und in Scheiben schneiden und in der heißen Butter glasig dünsten. Rosenkohl, Zwiebeln, Kartoffeln und Speck in eine gefettete Auflaufform schichten. Die Eier mit Milch, Sahne, Crème fraîche und fein geschnittenem Schnittlauch verschlagen und mit Salz, Pfeffer und Muskatnuß würzen. Die Eiercreme über das Gemüse gießen und den Käse darüberstreuen. Die Form auf dem Rost in den Backofen schieben.
Ober-/Unterhitze:
180–200 °C (vorgeheizt)
Heißluft: 160–180 °C
(nicht vorgeheizt)
Gas: Stufe 3–4
(vorgeheizt)
Backzeit:
etwa 40 Minuten.

GEMÜSE-AUFLAUF

2 Kohlrabi
2 Möhren
1 Stange Porree (Lauch)
250 g Broccoli
Salzwasser
1 Zwiebel
1 Becher (150 g)
frischer Sauerrahm
100 ml Milch
2 Eier
Salz
weißer Pfeffer
geriebene Muskatnuß
1 Pck. (125 g) Camembert (45%)
gehackte Petersilie

Die Kohlrabi und die Möhren schälen, waschen und in Scheiben schneiden. Den Porree putzen, gründlich waschen und in Scheiben schneiden. Den Broccoli putzen, waschen, in Röschen zerteilen, die Stiele schälen und in Stücke schneiden. Kohlrabi und Möhren 5–7 Minuten im Salzwasser blanchieren. Den Porree 1–2 Minuten und den Broccoli etwa 3 Minuten blanchieren. Das abgetropfte Gemüse in eine gefettete Auflaufform geben. Die Zwiebel abziehen, würfeln und darüberstreuen. Den Sauerrahm mit Milch und den Eiern verrühren und mit Salz, Pfeffer und Muskat würzen. Die Masse über das Gemüse gießen und die Form auf dem Rost in den Backofen schieben. Nach 20 Minuten Backzeit den entrindeten, in Scheiben geschnittenen Camembert über dem Gemüse verteilen und wieder in den Backofen schieben.
Ober-/Unterhitze:
etwa 200 °C (vorgeheizt)
Heißluft: etwa 180 °C
(nicht vorgeheizt)
Gas: Stufe 3–4
Backzeit:
etwa 25 Minuten.

CHAMPIGNON-BROCCOLI-AUFLAUF

2 Pck. (je 300 g) TK-Broccoli
1 Zwiebel
300 g Champignons
2 EL Speiseöl
Salz
frisch gemahlener schwarzer Pfeffer
Salzwasser
250 g Speisequark (20%)
125 ml (⅛ l) Milch
3 Eigelb
40 g geriebener Parmesan
3 Eiweiß

Den Broccoli auftauen lassen. Die Zwiebel abziehen und würfeln. Die Champignons putzen, mit Küchenpapier abreiben oder waschen und in Scheiben schneiden. Das Öl erhitzen, die Zwiebelwürfel andünsten, die Champignonscheiben hinzufügen, mit Salz und Pfeffer würzen und 3–4 Minuten dünsten lassen. Den Broccoli mit Salz, Pfeffer und Muskat würzen und in eine gefettete Auflaufform geben, die Champignons darüber verteilen. Den Quark mit Milch, Eigelb und Parmesan glattrühren, mit Salz und Pfeffer würzen und das steifgeschlagene Eiweiß unterheben. Die Quarkmasse über das Gemüse geben und die Form auf dem Rost in den Backofen schieben.

Ober-/Unterhitze: etwa 200 °C (vorgeheizt)
Heißluft: etwa 180 °C (nicht vorgeheizt)
Gas: Stufe 3–4 (vorgeheizt)
Backzeit: etwa 30 Minuten.
Beigabe: Röstkartoffeln oder Butternudeln.

GEMÜSE-AUFLÄUFE UND -GRATINS

FENCHEL-AUFLAUF

2 Fenchelknollen (800 g)
Salzwasser
500 g Tomaten
300 g roher Schinken
3 Eier
250 ml (¼ l) Milch
Salz
Pfeffer
gerebelter Majoran
geriebene Muskatnuß
50 g Sonnenblumenkerne
200 g Gorgonzola Käse

Für die Reisbeilage:
1 Zwiebel
1 EL Sonnenblumenöl
2 Tassen Langkornreis
4 Tassen Salzwasser
1 Töpfchen Kerbel

Die Fenchelknollen putzen, waschen und längs in ½ cm dicke Scheiben schneiden. Den Fenchel in Salzwasser 5 Minuten blanchieren, abtropfen lassen. Die Tomaten waschen, die Stengelansätze herausschneiden und in Scheiben schneiden. Eine Auflaufform fetten und die Hälfte der Fenchel- und Tomatenscheiben einschichten. Den Schinken würfeln und darüber verteilen, mit den restlichen Fenchel- und Tomatenscheiben bedecken. Die Eier mit der Milch verquirlen, mit den Gewürzen abschmecken und über die Zutaten gießen. Die Sonnenblumenkerne darüberstreuen und den Käse in Stückchen darauf verteilen. Die Auflaufform auf dem Rost in den Backofen schieben.
Ober-/Unterhitze:
180–200 °C (vorgeheizt)
Heißluft: 160–180 °C
(nicht vorgeheizt)
Gas: Stufe 3–4
(vorgeheizt)
Backzeit:
etwa 35 Minuten.
Für die Reisbeilage die Zwiebel abziehen, würfeln und in dem erhitzen Öl glasig dünsten. Den Reis hinzufügen, kurz mitdünsten, das Salzwasser hinzufügen, aufkochen und in etwa 20 Minuten ausquellen lassen. Den Kerbel waschen, fein schneiden und unter den fertigen Reis heben.

SAUERKRAUT-AUFLAUF

(ohne Foto)

150 g durchwachsener Speck
50 g Schweineschmalz
250 g Zwiebeln
1 kg Kartoffeln
Salz
Pfeffer
800 g Sauerkraut (aus der Dose)
1 TL gerebelter Majoran
1 TL Kümmel
4 kleine Lorbeerblätter
4 Kochwürste (etwa 400 g)
1 TL gerebelter Majoran
1 TL Kümmel
4 Lorbeerblätter
500 g Äpfel
1 EL brauner Zucker
200 g Crème fraîche oder Schmand

Den Speck in Würfel schneiden. Das Schweineschmalz zerlassen, die Speckwürfel darin ausbraten lassen. Die Zwiebeln abziehen, würfeln, in dem ausgelassenen Speck andünsten. Die Kartoffeln schälen, waschen, würfeln, nach etwa 5 Minuten zu der Speck-Zwiebel-Masse geben, mit Salz und Pfeffer würzen, etwa 15 Minuten abgedeckt schmoren lassen. 1/3 der Masse in eine gefettete Auflaufform geben. Das Sauerkraut lockerzupfen, die Hälfte auf den Auflauf geben, festdrücken, mit Majoran und Kümmel bestreuen und die Lorbeerblätter darauf legen.

Die Kochwürste in Scheiben schneiden, die Hälfte darauf legen, ein weiteres Drittel der Kartoffel-Zwiebel-Masse darübergeben. Das restliche Sauerkraut, dann die Wurstscheiben daraufschichten. Mit Majoran und Kümmel bestreuen, die Lorbeerblätter darübergeben.
Die Äpfel schälen, vierteln, entkernen, würfeln, mit der restlichen Kartoffel-Zwiebel-Masse vermengen, mit dem Zucker abschmecken, über dem Auflauf verteilen, die Hälfte von der Crème fraîche darübergießen. Die abgedeckte Form auf dem Rost in den Backofen schieben. Nach 30 Minuten Backzeit den Deckel abnehmen, ab und zu die oberste Schicht mit einer Gabel lockerzupfen, damit einzelne Würfel nicht zu dunkel werden.
Ober-/Unterhitze:
etwa 200 °C (vorgeheizt)
Heißluft:
etwa 180 °C
(nicht vorgeheizt)
Gas: Stufe 3–4
Backzeit:
etwa 60 Minuten.
Vor dem Servieren die restliche Crème fraîche über den Auflauf gießen.

GEMÜSE-AUFLÄUFE UND -GRATINS

PFANNKUCHEN-GRATIN

250 g Weizenvollkornmehl
3 Eier
300 ml Milch
½ TL Salz
10 EL Speiseöl
3 Bund Sauerampfer
250 g Ricotta oder Sahnequark
250 g Magerquark
100 g gemahlene Haselnußkerne
Pfeffer
2 säuerliche Äpfel
3 EL geriebener Emmentaler Käse
Außerdem: Butter oder Margarine

Das Mehl sieben und mit Eiern, Milch und Salz zu einem dickflüssigen Teig verrühren. Das Öl in einer Pfanne erhitzen und nacheinander sechs Pfannkuchen backen.

Den Sauerampfer verlesen, waschen. Ricotta, Quark und Haselnüsse verrühren und mit Pfeffer würzen. Die Äpfel schälen, fein raspeln, unter den Quark ziehen. Den ersten Pfannkuchen in eine gefettete Auflaufform legen, mit einem Sechstel der Quarkmasse bestreichen, mit einem Sechstel Sauerampferblätter belegen. So fortfahren, bis der letzte Pfannkuchen belegt ist. Den geriebenen Käse darüberstreuen. Die Form auf dem Rost in den Backofen schieben.
Ober-/Unterhitze:
etwa 200 °C (vorgeheizt)
Heißluft: etwa 180 °C (nicht vorgeheizt)
Gas: etwa Stufe 3–4 (vorgeheizt)
Backzeit:
etwa 40 Minuten.

ZUCCHINI-AUFLAUF FEODORA

(2 Portionen)

- 300–400 g Zucchini
- 100 g Emmentaler Käse (am Stück)
- 100 g Salami (am Stück)
- 1 Becher (150 g) Crème fraîche
- 2 Eier
- Pfeffer
- geriebene Muskatnuß
- 1 gehäufter EL Semmelbrösel
- 15 g abgezogene, gehackte Mandeln
- Butter in Flöckchen

Die Zucchini waschen, in 1 cm dicke Scheiben schneiden, in kochendes Salzwasser geben, zum Kochen bringen, etwa 2 Minuten kochen lassen, auf ein Sieb geben und abtropfen lassen. Den Käse und die Salami in Würfel schneiden, mit der Crème fraîche und den Eiern verrühren, mit Pfeffer und Muskatnuß würzen. Die Zucchinischeiben unterheben, die Masse in eine gefettete Auflaufform geben und mit Semmelbröseln und Mandeln bestreuen. Butter in Flöckchen daraufsetzen und die Form auf dem Rost in den Backofen schieben.

Ober-/Unterhitze: etwa 180–200 °C
Heißluft: etwa 160–180 °C
Gas: Stufe 3–4
Backzeit: 25–30 Minuten.

GEMÜSE-AUFLÄUFE UND -GRATINS

GEMÜSE-AUFLAUF UNTER DER HAUBE

(Foto rechts)

180 g TK-Blätterteig (3 Platten)
1 kleiner Blumenkohl
Salzwasser
3 Knoblauchzehen
3 Zwiebeln
60 g Butter
1 EL Garam Masala
1 EL Currypulver
1 Becher (150 g) Crème fraîche
3 EL Zitronensaft
1 TL gemahlener Kreuzkümmel
300 g Kartoffeln
200 g Möhren
125 g Champignons
100 g TK-Erbsen
2–3 Eßlöffel Semmelbrösel
1 Eigelb
1–2 EL Milch

Den Blätterteig abgedeckt bei Zimmertemperatur auftauen lassen. Den Blumenkohl in Röschen zerteilen und waschen. Den Blumenkohl 5 Minuten in Salzwasser kochen, abgießen, abschrecken und gut abtropfen lassen. 250 ml (1/4 l) Kochwasser beiseite stellen. Die Knoblauchzehen und Zwiebeln abziehen, fein würfeln und in der Butter andünsten. Das Garam Masala und den Curry dazugeben und ebenfalls andünsten. Das Blumenkohlwasser, Crème fraîche, Zitronensaft und Kreuzkümmel dazugeben und aufkochen. Die Kartoffeln schälen, waschen und in kleine Würfel schneiden. Die Möhren putzen, schälen, waschen und in kleine Würfel schneiden. Die Champignons putzen, evtl. mit Küchenpapier abreiben, in Scheiben schneiden. Die Kartoffeln, Möhren und Champignons dazugeben, alles 10 Minuten kochen. Die Blumenkohlröschen und Erbsen dazugeben, umrühren, kurz dünsten lassen und in eine Pieform (Ø 26 cm) geben und mit den Semmelbröseln bestreuen. Die Blätterteigplatten übereinander legen und zu einer runden Platte (Ø 30 cm) ausrollen. Das Eigelb mit der Milch verrühren, den Pieformrand damit einstreichen, Blätterteig auflegen und fest auf den Pieformrand andrücken. Den überstehenden Teig abschneiden und hieraus Verzierungen für den Deckel schneiden oder ausstechen. In der Mitte des Deckels einen Kamin ausschneiden und den Deckel mit verquirltem Eigelb bestreichen. Die Teigverzierungen darauf legen und ebenfalls mit Eigelbmilch bestreichen. Die Form auf dem Rost in den Backofen schieben.

Ober-/Unterhitze:
etwa 180 °C (vorgeheizt)
Heißluft: etwa 160 °C (nicht vorgeheizt)
Gas: etwa Stufe 3 (vorgeheizt)
Backzeit:
25–30 Minuten.

GRÜNES QUARK-GRATIN

800 g frischer Blattspinat (ersatzweise 600 g tiefgefrorener Spinat)
500 g Magerquark
3 Eier
100 g Crème fraîche
1 zerdrückte Knoblauchzehe
Salz
Pfeffer

Den Spinat putzen, Stiele abzupfen, waschen und in kochendem Salzwasser portionsweise 2 Minuten blanchieren, abtropfen lassen. Den Quark mit den Eiern, der Crème fraîche und dem Knoblauch verrühren. Mit Salz und Pfeffer abschmecken. Eine Auflaufform ausfetten, abwechselnd die Hälfte Quark und Spinat im Wechsel einschichten, auf dem Rost in die mittlere Schiene des Backofens schieben.

Ober-/Unterhitze:
etwa 220 °C (vorgeheizt)
Heißluft: etwa 200 °C (nicht vorgeheizt)
Gas: etwa Stufe 4 (vorgeheizt)
Backzeit: 30 Minuten.

GEMÜSE-AUFLÄUFE UND -GRATINS

MAIS-AUFLAUF

- 2 Dosen Zuckermais (Einwaage 340 g)
- 50 g Butter
- 25 g Weizenmehl
- 250 ml (¼ l) Milch
- 1 TL Paprika edelsüß
- Salz
- Pfeffer
- 2 TL Zitronensaft
- 4 Eier
- 300 g Tomaten
- 2 dünne Stangen Porree
- 250 g Mozzarella-Käse
- Außerdem: Butter oder Margarine

Den Mais abtropfen lassen und die Flüssigkeit auffangen. Die Butter in einem Topf zerlassen, das Mehl hinzufügen und hellgelb dünsten. Den Topf vom Herd nehmen, das Maiswasser und die Milch angießen, zum Kochen bringen und etwa 5 Minuten kochen lassen (Zubereitung einer hellen Grundsauce siehe Ratgeber). Dabei mit einem Schneebesen durchschlagen und darauf achten, daß keine Klümpchen entstehen.

Die Sauce mit Paprika, Salz, Pfeffer und Zitronensaft würzen.
Die Eier etwa 8 Minuten kochen, abschrecken, pellen und hacken. Die Tomaten kurz in kochendes Wasser legen (nicht kochen lassen), abschrecken, enthäuten und die Stengelansätze herausschneiden. Die Tomaten in Scheiben schneiden. Den Porree putzen, gründlich waschen und in Ringe schneiden. Den Mozzarella in sehr dünne Scheiben schneiden. In eine gefettete Auflaufform je ein Drittel Mais, Porree, Tomaten, Eier, Sauce und Mozzarella schichten. So fortfahren, bis die Zutaten eingeschichtet sind. Den Auflauf auf dem Rost in den Backofen schieben.
Ober-/Unterhitze: etwa 200 °C (vorgeheizt)
Heißluft: etwa 180 °C (nicht vorgeheizt)
Gas: etwa Stufe 3 (vorgeheizt)
Backzeit: etwa 45 Minuten.
Beigabe: Kräuterreis oder Baguette.

ÜBERBACKENER SPARGEL

(2 Portionen)

je 250 g weißer und grüner Spargel
½ l Salzwasser
1 Prise Zucker
1 TL Butter
8 dünne Scheiben Schwarzwälder Schinken (100 g)
1 EL Butter oder Margarine
1 schwach gehäufter EL Weizenmehl
250 ml (¼ l) Spargelbrühe

**Salz
weißer Pfeffer
geriebene Muskatnuß
Zitronensaft
75 g geraspelter
Greyerzer Käse**

Den weißen Spargel ganz und den grünen Spargel nur im unteren Drittel schälen. Das Salzwasser mit Zucker und Butter zum Kochen bringen und den Spargel etwa 12 Minuten darin garen. Je 3 Stangen abgetropften Spargel mit Schinken umwickeln und in eine flache, gefettete Auflaufform geben. Die Butter zerlassen, das Mehl darin anschwitzen und die heiße Spargelbrühe auf einmal hinzugießen und mit dem Schneebesen gut durchschlagen (Zubereitung einer hellen Grundsauce siehe Ratgeber). Mit Salz, Pfeffer, Muskat und Zitronensaft pikant abschmecken und über die Spargelstangen gießen. Den Käse darüber verteilen und die Auflaufform auf dem Rost in den Backofen schieben.
Ober-/Unterhitze:
etwa 220 °C (vorgeheizt)
Heißluft: etwa 200 °C (nicht vorgeheizt)
Gas: etwa Stufe 4
Backzeit:
etwa 15 Minuten.
Beilage: Kartoffeln.

GEMÜSE-AUFLÄUFE UND -GRATINS

BROCCOLI-GRATIN

2 Pck. (je 300 g) TK-Broccoli
200 g gekochter Schinken
1 Knoblauchzehe
200 ml Schlagsahne
2 Eier
Salz
frisch gemahlener Pfeffer
geriebene Muskatnuß
200 g geraspelter Gouda-Käse
2–3 EL Sonnenblumenkerne

Den Broccoli auftauen lassen und in eine gefettete Auflaufform geben. Den Schinken würfeln und darüber verteilen. Den Knoblauch abziehen, in die Sahne pressen, die Eier unterrühren und mit den Gewürzen abschmecken. Die Eiersahne über den Broccoli gießen, den Käse darüber streuen und die Sonnenblumenkerne darüber verteilen. Die Form auf dem Rost in den Backofen schieben.
Ober-/Unterhitze:
etwa 200 °C (vorgeheizt)
Heißluft: etwa 180 °C (nicht vorgeheizt)
Gas: Stufe 3–4 (vorgeheizt)
Backzeit:
etwa 35 Minuten.
Beigabe: Pellkartoffeln.

UNGARISCHER SAUERKRAUT-AUFLAUF

30 g Butter
500 g Sauerkraut
125 ml (⅛ l) Wasser
2 kleine Lorbeerblätter
Salz
frisch gemahlener Pfeffer
Zucker
125 g Langkornreis (parboiled)
1 mittelgroße Zwiebel
20 g Margarine
500 g Gehacktes (halb Rind-, halb Schweinefleisch)
2 geräucherte Mettwürste (200 g)
1 Becher (150 g) Crème fraîche
250 ml (¼ l) Schlagsahne
20 g Semmelbrösel
25 g Butter in Flöckchen

Die Butter zerlassen. Das Sauerkraut locker zupfen und kurze Zeit darin andünsten. Das Wasser und die Lorbeerblätter hinzufügen, mit Salz, Pfeffer und Zucker würzen. Das Sauerkraut gar dünsten lassen (es darf keine Brühe mehr vorhanden sein) und mit Salz, Pfeffer und Zucker abschmecken. 1 l Salzwasser zum Kochen bringen, den Langkornreis hineingeben, umrühren, zum Kochen bringen und 12–15 Minuten sprudelnd kochen lassen (es muß ständig etwas Dampf aus dem Topf entweichen). Den garen Reis auf ein Sieb geben und mit kaltem Wasser übergießen. Die Zwiebel abziehen und würfeln. Die Margarine zerlassen und das Gehackte mit Salz und Pfeffer würzen, mit den Zwiebelwürfeln in dem Fett unter ständigem Rühren anbraten, dabei die Fleischklümpchen zerdrücken, mit Salz und Pfeffer würzen, dann den Reis unterheben. Die Mettwürste waschen, in Scheiben schneiden. Das Sauerkraut, Fleisch und Mettwürste abwechselnd lagenweise in eine gefettete Auflaufform füllen. Die oberste Schicht soll aus Sauerkraut bestehen. Die Crème fraîche mit der Sahne verrühren, über den Auflauf gießen und mit den Semmelbröseln bestreuen. Die Butter in Flöckchen darauf setzen die Form auf dem Rost in den Backofen schieben. Dünstzeit für das Sauerkraut: etwa 30 Minuten.
Ober-/Unterhitze:
200–220 °C (vorgeheizt)
Heißluft: 180–200 °C (nicht vorgeheizt)
Gas: Stufe 4–5 (nicht vorgeheizt)
Backzeit:
etwa 30 Minuten.
Beigabe: Brötchen, Bier.

GEMÜSE-AUFLÄUFE UND -GRATINS

SPARGEL-AUFLAUF

(ohne Foto)

2 altbackene Brötchen
100 g Schinken
100 g Butter
5 Eigelb
100 g Weizenmehl
250 ml (¼ l) Milch
Salz
Pfeffer
5 Eiweiß
500 g gekochter Spargel
1–2 EL Semmelbrösel
Butterflöckchen

Die Brötchen in kaltem Wasser einweichen, gut ausdrücken. Den Schinken in kleine Würfel schneiden. Die Butter geschmeidig rühren, nach und nach das Eigelb und das gesiebte Mehl unterrühren. Die Milch unterrühren, mit den Brötchen und den Schinkenwürfeln vermengen, und Salz und Pfeffer würzen. Das Eiweiß steif schlagen, unterheben und abwechselnd mit dem Spargel in die gefettete Auflaufform schichten. Die Semmelbrösel darüberstreuen, mit Butterflöckchen belegen und die Form auf dem Rost in den Backofen schieben.
Ober-/Unterhitze:
etwa 200 °C (vorgeheizt)
Heißluft: etwa 180 °C
(nicht vorgeheizt)
Gas: Stufe 3–4
(vorgeheizt)
Backzeit: 45 Minuten.

CHINAKOHL-GRATIN

750 g Chinakohl
250 g Champignons
Meersalz
frisch gemahlener Pfeffer
1 Becher (150 g)
Crème fraîche
1 Becher Vollmilchjoghurt, 2 Eier
geriebene Muskatnuß
Currypulver
100 g geriebener
Allgäuer Bergkäse

Den Chinakohl putzen, vierteln und waschen. In kochendes Salzwasser geben, etwa 6 Minuten kochen, abtropfen lassen. Den Kohl in eine gefettete Auflaufform legen. Die Champignons putzen, waschen, in Scheiben schneiden und auf den Kohl geben, mit Meersalz und Pfeffer bestreuen. Die Crème fraîche mit dem Vollmilchjoghurt verrühren. Die Eier unterschlagen und mit Salz, Pfeffer, Muskatnuß und Curry abschmecken, über das Gemüse geben. Anschließend mit dem geriebenen Käse bestreuen. Die Form auf dem Rost in den Backofen schieben.
Ober-/Unterhitze:
200–220 °C (vorgeheizt)
Heißluft: etwa 180 °C
(nicht vorgeheizt)
Gas: Stufe 4–5
(vorgeheizt)
Backzeit: 30 Minuten.

ÜBERBACKENER BROCCOLI

500 g Broccoli
250 g Steinpilze oder dunkle Champignons
100 g rote Zwiebeln
3 EL Speiseöl, Salz
Pfeffer, Kurkuma
Kreuzkümmel (Cumin)
2 EL (25 g) geröstete Sesamsamen
150 g Allgäuer Emmentaler Käse
1 EL geröstete Sesamsamen
250 ml (¼ l) Schlagsahne
1 EL Crème fraîche
geriebene Muskatnuß

Die Blätter vom Broccoli entfernen, die Stengel am Strunk schälen, bis kurz vor den Röschen kreuzförmig einschneiden, anschließend waschen und in Salzwasser 3–5 Minuten kochen, abgießen. Die Pilze putzen und waschen. Die Zwiebeln abziehen und in feine Würfel schneiden, in heißem Öl dünsten, die Pilze dazugeben und kurz dünsten lassen. Den Broccoli und die Pilze mit Salz, Pfeffer, Kurkuma und Kreuzkümmel würzen und in eine gefettete Auflaufform geben. Zuerst den Käse, dann den Sesam auf das Gemüse streuen. Für die Sauce die Sahne mit Crème fraîche etwa 8 Minuten köcheln lassen, mit Salz, Pfeffer und Muskat würzen und über das Gemüse geben. Die Form auf dem Rost in den Backofen schieben.
Ober-/Unterhitze: etwa 200 °C (vorgeheizt)
Heißluft: etwa 180 °C (nicht vorgeheizt)
Gas: Stufe 3–4 (vorgeheizt)
Backzeit: 20 Minuten.

GEMÜSE-AUFLÄUFE UND -GRATINS

BÄCKERS SPINAT-AUFLAUF

1 Pck. TK-Spinat (450 g)
3 Brötchen, altbacken
375 ml (3/8 l) Milch
75 g durchwachsener Speck
1 Zwiebel
3 Eigelb
Salz
frisch gemahlener Pfeffer
geriebene Muskatnuß
3 Eiweiß
Butter oder Margarine zum Ausfetten
3 EL geriebener Käse
40 g Butter

Den Spinat auftauen lassen. Die Brötchen in der Milch einweichen und gut ausdrücken. Den Speck in Würfel schneiden und auslassen. Die Zwiebel abziehen, würfeln und in dem Speckfett andünsten. Den Spinat mit dem Eigelb und der Speck-Brötchen-Masse gut verrühren, mit Salz, Pfeffer, Muskatnuß würzen. Das Eiweiß steif schlagen und unterheben.

Die Masse in eine gefettete Auflaufform füllen, mit Käse bestreuen. Die Butter in Flöckchen daraufsetzen. Die Form auf dem Rost in den Backofen schieben.
Ober-/Unterhitze:
200–220 °C (vorgeheizt)
Heißluft: 180–200 °C
(nicht vorgeheizt)
Gas: Stufe 3–4
(vorgeheizt)
Backzeit:
40–45 Minuten.

KOHLRABI-SCHINKEN-AUFLAUF

1 kg Kohlrabi (ohne Grün gewogen)
250 ml (¼ l) Salzwasser
1 schwach geh. EL Mehl
1 EL weiche Butter
1 EL Crème fraîche
Salz, Pfeffer
200 g gekochter Schinken
Butter, 3–4 Eier
geriebene Muskatnuß

Die Kohlrabi schälen (Herzblätter aufheben), waschen, in etwa ½ cm breite Stifte schneiden, in kochendes Salzwasser geben, zum Kochen bringen und 5–10 Minuten kochen lassen. Die Kohlrabi auf ein Sieb geben, abtropfen lassen und die Flüssigkeit auffangen. Das Weizenmehl und die Butter mit einer Gabel verkneten und die Kohlrabiflüssigkeit zum Kochen bringen. Das Mehl-Butter-Gemisch unter ständigem Rühren hinzufügen. Mit einem Schneebesen durchschlagen, darauf achten, daß keine Klümpchen entstehen, zum Kochen bringen und etwa 5 Minuten kochen lassen. Die Crème fraîche unterrühren. Die Kohlrabiblätter und -stifte in die Sauce geben und mit Salz und Pfeffer würzen. Den Schinken in Würfel schneiden und abwechselnd mit dem Kohlrabi in eine Auflaufform schichten. Die Eier mit Muskatnuß verschlagen, mit Salz und Pfeffer würzen und über die Kohlrabi-Schinken-Masse geben. Die Auflaufform mit Alufolie verschließen, auf dem Rost in den Backofen schieben.
Ober-/Unterhitze: etwa 220 °C
Heißluft: etwa 200 °C
Gas: etwa Stufe 5
Backzeit: 25–30 Minuten.

GEMÜSE-AUFLÄUFE UND -GRATINS

FENCHEL, GRATINIERT

6 mittelgroße Fenchelknollen
50 g Butter
2 EL Weizenmehl
gut 500 ml (½ l) Flüssigkeit (halb Fenchelkochwasser, halb Milch)
Pfeffer, Muskatnuß
50 g geriebener Parmesan-Käse
50 g Butterflöckchen

Den Fenchel putzen, waschen, vierteln und in Salzwasser in etwa 8 Minuten knapp gar kochen. Die Butter zerlassen, das Mehl unter Rühren darin anschwitzen, bis es hellgelb ist. Die Flüssigkeit unter ständigem Rühren zugeben. (Zubereitung einer hellen Grundsauce siehe Ratgeber). Kurz aufkochen lassen, mit Salz, Pfeffer und Muskat würzen. Mit etwas geriebenem Parmesan abschmecken. Die Auflaufform fetten und die Fenchelknollen hineingeben. Die Sauce darübergießen, mit dem restlichen Parmesan bestreuen und evtl. mit Butterflöckchen belegen. Die Form auf dem Rost in den Backofen schieben.
Ober-/Unterhitze: etwa 220 °C (vorgeheizt)
Heißluft: etwa 200 °C (nicht vorgeheizt)
Gas: Stufe 4–5 (vorgeheizt)
Backzeit: etwa 20 Minuten.

CHAMPIGNON-ZUCCHINI-AUFLAUF

600 g Zucchini
250 g Paprikaschoten (rot)
300 g Champignons
1 TL Margarine
1 Topf Basilikum
4 Eier
4 EL Milch
1 Becher (150 g) Crème fraîche
Salz
frisch gemahlener Pfeffer
geriebene Muskatnuß
2 Knoblauchzehen
100 g geriebener mittelalter Gouda

Die Zucchini waschen, abtrocknen, die Enden abschneiden und längs in ½ cm dicke Scheiben schneiden. Die Paprikaschoten halbieren, entstielen, entkernen, die weißen Scheidewände entfernen, die Schoten waschen und in dünne Streifen schneiden. Die Champignons trocken mit Küchenpapier abreiben und in dicke Scheiben schneiden. Die Margarine in einer Pfanne zerlassen, die Champignon- und Zucchinischeiben kurz darin andünsten, die Paprikastreifen 1–2 Minuten in kochendem Salzwasser blanchieren und abtropfen lassen. Die Basilikumblättchen abspülen, trockentupfen und in feine Streifen schneiden. In eine ovale, gefettete Auflaufform abwechselnd Champignon- und Zucchinischeiben und Paprikastreifen einschichten. Die Eier mit der Milch und Crème fraîche verrühren, mit Salz, Pfeffer, Muskatnuß und den abgezogenen, zerdrückten Knoblauchzehen würzen. Die Eiermilch über das Gemüse geben und den Gouda darüberstreuen. Den Auflauf auf dem Rost in den Backofen schieben.
Ober-/Unterhitze: etwa 200 °C (vorgeheizt)
Heißluft: etwa 180 °C (nicht vorgeheizt)
Gas: Stufe 3–4 (vorgeheizt)
Backzeit: 30–40 Minuten.

GEMÜSE-AUFLÄUFE UND -GRATINS

KÜRBIS-AUFLAUF MIT SCHAFSKÄSE

750 g Kürbisfleisch
500 g Kartoffeln
Salz
500 g gehacktes Lammfleisch
Pfeffer
1 Knoblauchzehe
4–5 EL Sonnenblumenöl
2 Zwiebeln
Weizenmehl
Sonnenblumenöl
400 g Schafskäse
2 Eier
125 ml (1/8 l) Schlagsahne
geriebene Muskatnuß
1 Bund glatte Petersilie

Das Kürbisfleisch schälen und die Kerne auskratzen. Die Kartoffeln schälen und waschen. Beide Zutaten in Scheiben schneiden, mit etwas Salz bestreuen und zugedeckt stehen lassen. Das Lammfleisch mit Salz und Pfeffer würzen. Die Knoblauchzehe abziehen, zerdrücken und unter das Fleisch kneten. Das Sonnenblumenöl erhitzen und das Hackfleisch darin unter Rühren anbraten. Die Zwiebeln abziehen, würfeln, zu dem Fleisch geben und mitschmoren lassen. Die Kürbis- und Kartoffelscheiben in Weizenmehl wenden. Das Sonnenblumenöl erhitzen und die beiden Zutaten portionsweise darin schnell von beiden Seiten braun anbraten, auf Küchenpapier abtropfen lassen. Den Schafskäse grob zerkrümeln. Eine gefettete Auflaufform mit der Hälfte der Kartoffel- und Kürbisscheiben auslegen und die Hackfleischmasse daraufgeben. Die Hälfte des Käses darüber verteilen, mit den restlichen Kartoffeln und Kürbis bedecken und den restlichen Käse darüberstreuen. Die Eier mit der Sahne verschlagen, mit Salz, Pfeffer und Muskatnuß würzen. Die Petersilie abspülen, trockentupfen, die Blättchen von den Stengeln zupfen, fein hacken und unterrühren. Die Masse über den Auflauf gießen und die Form auf dem Rost in den Backofen schieben.
Ober-/Unterhitze:
etwa 220 °C (vorgeheizt)
Heißluft: etwa 200 °C
(nicht vorgeheizt)
Gas: etwa Stufe 5
(vorgeheizt)
Backzeit:
etwa 40 Minuten.

ITALIENISCHER GEMÜSE-AUFLAUF

2 gelbe Paprikaschoten
2 rote Paprikaschoten
4 mittelgroße Zucchini
1 Knoblauchzehe
1 Bund Basilikum
200 g Mozzarella-Käse
50 g schwarze Oliven
Salz, weißer Pfeffer
6 EL Sojaöl

Die Paprikaschoten halbieren, putzen und waschen. Auf dem Backblech in den vorgeheizten Backofen schieben.
Ober-/Unterhitze:
etwa 250 °C
Heißluft: etwa 220 °C
Gas: etwa Stufe 6
Die Paprika so lange rösten, bis die Haut schwarz wird und Blasen wirft. Mit einem feuchten Tuch etwa 15 Minuten abgedeckt ruhen lassen. Die Haut abziehen und die Paprikaschoten in breite Streifen schneiden. Die Zucchini putzen, waschen und in Scheiben schneiden. Die Knoblauchzehe abziehen und fein würfeln. Das Basilikum abspülen, trockentupfen und hacken. Den Mozzarella in Scheiben schneiden. Eine feuerfeste Form leicht fetten. Die Paprikastreifen, Mozzarella- und Zucchinischeiben sowie Oliven hineingeben. Alles mit Salz und Pfeffer würzen. Das Sojaöl mit Knoblauch und Basilikum verrühren und über dem Gemüse verteilen. Den Auflauf in den kalten Backofen schieben.

Ober-/Unterhitze:
etwa 200 °C
Heißluft: etwa 180 °C
Gas: etwa Stufe 4
Backzeit:
25–30 Minuten.

GEMÜSE-AUFLÄUFE UND -GRATINS

WALLISER GRATIN

2 Knollen Sellerie (etwa 700 g)
2 mittelgroße rote Zwiebeln
½ Kopf Wirsing (etwa 300 g)
4–5 Stengel Staudensellerie (etwa 500 g)
200 g Frühstücksspeck
Salz
Pfeffer
geriebene Muskatnuß
gemahlene Muskatblüte
200 ml Schlagsahne
4 EL geriebener Gruyère-Käse

Den Sellerie schälen, waschen, in Scheiben schneiden, in kochendes Salzwasser geben, zum Kochen bringen, etwa 8 Minuten kochen und abtropfen lassen. Die Zwiebeln abziehen und in Scheiben schneiden. Von dem Wirsing die schlechten äußeren Blätter entfernen, den Wirsing halbieren, den Strunk herausschneiden, den Wirsing waschen, abtropfen lassen und in feine Streifen schneiden. Den Staudensellerie putzen, harte Fäden an der Außenseite der Stengel abziehen, die Stengel waschen, abtropfen lassen und in kleine Stücke schneiden. Die Zwiebelringe, Wirsingstreifen und Staudenselleriestücke in kochendes Salzwasser geben, zum Kochen bringen, etwa 8 Minuten kochen lassen, auf ein Sieb geben, mit kaltem Wasser übergießen und gut abtropfen lassen. Den Frühstücksspeck in dünne Scheiben schneiden und alle Zutaten abwechselnd lagenweise in eine gefettete Auflaufform füllen. Die unterste und die oberste Schicht sollen aus Knollenselleriescheiben bestehen. Jede Schicht mit Salz, Pfeffer, Muskatnuß und Muskatblüte bestreuen, mit einem Teil der Sahne übergießen und mit etwas von dem geriebenem Käse bestreuen. Die restliche Sahne auf der obersten Schicht verteilen, mit dem restlichen Käse bestreuen und die Auflaufform auf dem Rost in den Backofen schieben.
Ober-/Unterhize:
etwa 220 °C (vorgeheizt)
Heißluft: etwa 200 °C (nicht vorgeheizt)
Gas: etwa Stufe 4–5 (vorgeheizt)
Garzeit:
etwa 45 Minuten.

HÜGEL-GRATIN

(4–6 Portionen)

1 kg Rosenkohl
1 kg kleine festkochende Kartoffeln
50 g Butter, 1 Zwiebel
500 g Rinderhackfleisch
200 g Magerquark
1 Ei, 1 Knoblauchzehe
Salz, Pfeffer
1 EL Currypulver
500 g saure Sahne
125 ml (⅛ l) Milch
Außerdem: Butter oder Margarine

Den Rosenkohl putzen und waschen. Die Kartoffeln schälen, waschen, eventuell etwas kleiner schneiden, so daß sie die Größe der Rosenkohlröschen haben. Die Butter in einer Pfanne zerlassen. Den Rosenkohl und die Kartoffeln darin unter häufigem Wenden etwa 15 Minuten dünsten. Die Zwiebel abziehen und fein würfeln. Aus Hackfleisch, Magerquark, Ei und Zwiebel einen Teig kneten. Den Knoblauch abziehen und fein hacken. Die Hälfte davon unter das Fleisch mengen. Die Fleischmasse mit Salz und Pfeffer kräftig abschmecken, Bällchen von der Größe des Rosenkohls formen. Den restlichen Knoblauch mit Curry unter die saure Sahne ziehen und mit der Milch verrühren. Das Gemüse leicht würzen.

In eine gefettete, flache Auflaufform Kartoffeln, Rosenkohl und Fleischklößchen setzen und mit der Sahnemilch begießen. Die Form auf dem Rost in den Backofen schieben.
Ober-/Unterhitze: etwa 200 °C (vorgeheizt)
Heißluft: etwa 180 °C (nicht vorgeheizt)
Gas: Stufe 3–4 (vorgeheizt)
Backzeit: 60 Minuten.

GEMÜSE-AUFLÄUFE UND -GRATINS

ERBSEN-AUFLAUF MIT PIKANTER QUARKHAUBE

500 g TK-Erbsen
1 Bund Frühlingszwiebeln
50 g Butter
Salz, Pfeffer
250 g Magerquark
2 Eier
125 ml (⅛ l) Schlagsahne
1 TL zerdrückte grüne Pfefferkörner
2 geräucherte Mettwürste

Die Erbsen in etwas kochendes Salzwasser geben, zum Kochen bringen, etwa 5 Minuten darin kochen und abtropfen lassen. Von den Frühlingszwiebeln das welke Lauch entfernen, das übrige Lauch von den Zwiebeln schneiden, waschen und in Ringe schneiden. Die Zwiebeln evtl. abziehen und in Scheiben schneiden. Die Butter zerlassen, die Zwiebelscheiben darin etwa 3 Minuten dünsten lassen, die Lauchringe hinzufügen und etwa 2 Minuten mitdünsten lassen. Die Hälfte der Zwiebeln mit den Erbsen vermengen, mit Salz und Pfeffer würzen und in eine gefettete, flache Auflaufform geben. Den Quark mit Eiern und Sahne verrühren, die restlichen Zwiebeln und Pfefferkörner unterrühren, mit Salz, Pfeffer würzen und die Masse gleichmäßig auf den Erbsen verteilen, glattstreichen. Die Mettwürste in Scheiben schneiden, auf der Quark-Masse anordnen und die Form auf dem Rost in den Backofen schieben.

Ober-/Unterhitze:
200–220 °C (vorgeheizt)
Heißluft: 180–200 °C (nicht vorgeheizt)
Gas: Stufe 4–5 (vorgeheizt)
Backzeit:
etwa 30 Minuten.

BLUMENKOHL-AUFLAUF MIT SCHINKEN

*1 kg Blumenkohl
kochendes Salzwasser
200 g Spaghetti
2 l kochendes Salzwasser
200 g roher oder gekochter Schinken
250 ml (¼ l) Schlagsahne
4 Eier
Salz
frisch gemahlener Pfeffer
geriebene Muskatnuß
30 g geriebener Parmesan*

Den Blumenkohl von Blättern, schlechten Stellen und dem Strunk befreien, in Röschen teilen und in kochendes Salzwasser legen, zum Kochen bringen und etwa 10 Minuten kochen lassen. Die Spaghetti in Stücke brechen, in kochendes Salzwasser geben, zum Kochen bringen, nach der Packungsanleitung bißfest kochen lassen, auf ein Sieb geben und kurz mit kaltem Wasser übergießen.
Den Schinken in Würfel schneiden. Die Nudeln, Blumenkohlröschen und Schinken abwechselnd in eine gefettete Auflaufform schichten. Die Sahne mit den Eiern verschlagen, mit Salz, Pfeffer und Muskat würzen, über den Auflauf gießen, mit geriebenem Parmesan bestreuen. Die Form auf dem Rost in den kalten Backofen schieben.
Ober-/Unterhitze: etwa 200 °C
Heißluft: etwa 180 °C
Gas: etwa Stufe 4
Garzeit: etwa 40 Minuten.

GEMÜSE-AUFLÄUFE UND -GRATINS

BUNTER PAPRIKA-AUFLAUF

600 g Paprikaschoten (rot und gelb)
½–1 Bund Frühlingszwiebeln
1 Zucchini
1 Cabanossi (Knoblauchwurst, 150 g)
1 Knoblauchzehe
3 Eier
200 g Schmand
Salz
Pfeffer
Paprika edelsüß
1 Bund Schnittlauch

Die Paprika halbieren, entstielen, entkernen, die weißen Scheidewände entfernen, waschen und kleinschneiden. Die Frühlingszwiebeln putzen, waschen und in Scheiben schneiden. Die Zucchini waschen, Stengelansatz abschneiden, halbieren und in Scheiben schneiden. Das Gemüse in eine gefettete Auflaufform geben. Die Cabanossi in Scheiben schneiden und darüber verteilen. Die Eier mit dem Schmand verrühren, mit den Gewürzen pikant abschmecken und über den Zutaten verteilen. Die Form auf dem Rost in den Backofen schieben.
Ober-/Unterhitze:
etwa 200 °C (vorgeheizt)
Heißluft: etwa 180 °C (nicht vorgeheizt)
Gas: Stufe 3–4 (vorgeheizt)
Backzeit:
etwa 40 Minuten.
Den Auflauf vor dem Servieren mit dem gewaschenen, feingeschnittenen Schnittlauch bestreuen.
Beigabe:
Warmes Fladenbrot.

BROCCOLI-SCHINKEN-AUFLAUF

750 g Broccoli
750 ml (¾ l) Salzwasser
150 g gekochter Schinken
4 Tomaten
25 g Butter oder Margarine
20 g Weizenmehl

250 ml (¼ l) Broccolibrühe
125 ml (⅛ l) Milch
Salz
Pfeffer
geriebene Muskatnuß
50–100 g geriebener Käse

Den Broccoli putzen, waschen, in Röschen teilen und die Stiele schälen. Den Broccoli in kochendem Salzwasser etwa 3 Minuten blanchieren. Den Schinken in Streifen schneiden. Die Tomaten oben kreuzweise einschneiden, kurze Zeit in kochendes Wasser legen, kalt abschrecken, enthäuten und vierteln. Den Broccoli mit Tomaten und Schinken in eine gefettete Auflaufform geben. Das Mehl in der zerlassenen Butter anschwitzen, die Brühe und die Milch hinzugießen und mit einem Schneebesen gut durchschlagen, aufkochen lassen (Zubereitung helle Grundsauce siehe Ratgeber). Mit Salz, Pfeffer und Muskat würzen und über die Auflaufzutaten geben. Den Auflauf mit dem Käse bestreuen und die Form auf dem Rost in den Backofen schieben.
Ober-/Unterhitze:
etwa 220 °C (vorgeheizt)
Heißluft: etwa 200 °C (nicht vorgeheizt)
Gas: Stufe 4–5 (vorgeheizt)
Backzeit:
etwa 15 Minuten.
Beilage: Nudeln oder Reis.

GEMÜSE-AUFLÄUFE UND -GRATINS

ZWIEBEL-GRATIN

200 g Grünkerngrütze
500 ml (½ l) kochende Gemüsebrühe
75 g durchwachsener Speck
40 g Butterschmalz
500 g kleine weiße Zwiebeln
750 ml (¾ l) pürierte Tomaten (Fertigprodukt)
Salz
Pfeffer
Basilikum

Die Grütze mit der Gemüsebrühe übergießen und 15 Minuten ziehen lassen. Die Grütze in eine flache gefettete Auflaufform füllen und glattstreichen. Den Speck fein würfeln. Das Butterschmalz erhitzen und den Speck darin auslassen. Die Zwiebeln abziehen, halbieren und im Speckfett etwa 2 Minuten kräftig anbraten. Die Zwiebeln mit der Schnittfläche nach unten auf der Grütze verteilen. Das Tomatenpüree kräftig mit Salz, Pfeffer und Basilikum würzen und über die Zwiebeln geben. Die Form auf dem Rost in den Backofen geben.
Ober-(Unterhitze: etwa 200 °C (vorgeheizt)
Heißluft: etwa 180 °C (nicht vorgeheizt)
Gas: etwa Stufe 3–4 (vorgeheizt)
Backzeit: etwa 45 Minuten.

Tip:
Das Gratin kann zusätzlich nach der Hälfte der Backzeit mit 100 g geriebenem Emmentaler Käse bestreut werden.

AUBERGINEN-TOMATEN-AUFLAUF

500 g Auberginen
3–4 EL Sojasauce
300 g Zwiebeln
500 g Tomaten
2 Scheiben (je 60 g) Weizenmischbrot
100 g Emmentaler Käse in Scheiben
500 ml (½ l) saure Sahne, Salz, Pfeffer Cayennepfeffer
1 TL gerebelter Salbei
2 TL gerebelter Thymian
100 g geriebener Emmentaler Käse
Olivenöl

Die Auberginen waschen, den Stielansatz abschneiden und in Scheiben schneiden. Die Auberginenscheiben in eine Schüssel geben, die Sojasauce hinzufügen und etwa 20 Minuten marinieren. Die Zwiebeln abziehen, in dünne Ringe schneiden. Die Tomaten waschen, die Stengelansätze herausschneiden und in Scheiben schneiden.
Das Brot toasten, mit den Käsescheiben belegen und in eine gefettete Auflaufform geben. Die saure Sahne mit Salz, Pfeffer und Cayennepfeffer würzen, mit Salbei und Thymian verrühren. Die marinierten Auberginenscheiben in die saure Sahne-Mischung tauchen und abwechselnd mit den Zwiebelringen und den Tomaten in die Auflaufform schichten, jeweils die Tomaten mit Salz und Pfeffer würzen. Die restliche saure Sahne und den Käse über den Auflauf geben. Zum Schluß die Sojamarinade über den ganzen Auflauf gießen. Die Form mit einem Deckel oder Alufolie abgedeckt auf dem Rost in den Backofen schieben, 15 Minuten vor Backzeitende den Deckel (Alufolie) abnehmen.

Ober-/Unterhitze:
etwa 200 °C (vorgeheizt)
Heißluft: etwa 180 °C
(nicht vorgeheizt)
Gas: Stufe 4 (vorgeheizt)
Backzeit: 55 Minuten.

KARTOFFEL-AUFLÄUFE UND -GRATINS

Sie bieten sich deftig an und sind beliebte Herbst- und Winter-Gerichte. Zur Kartoffel als Basis passen deftige Gemüse-Arten wie Porree, Kohl, Rosenkohl, Wirsing aber auch Äpfel und Sauerkraut. Hackfleisch, Kasseler, Speck, Mett- und Blutwürste ergänzen das gehaltvolle Gericht. So richtig passend für kalte Tage. Für Kartoffel-Aufläufe und -Gratins sind sowohl festkochende als auch mehlig-kochende Kartoffel-Sorten geeignet. Feste Kartoffel-Sorten empfehlen sich für Aufläufe, die mit Sauce und Käse überbacken werden und mehlig-kochende Sorten für Gratins.

KARTOFFEL-AUFLÄUFE UND -GRATINS

KARTOFFEL-AUFLAUF, KLASSISCH

(Foto Seite 36/37)

¾–1 kg festkochende Kartoffeln
600 g Porree (Lauch)
Salz, Pfeffer
125 g gekochter Schinken
400–500 ml heiße Gemüsebrühe
1 TL Kümmel
100 g geriebener Käse

Die Kartoffeln waschen, mit Wasser bedeckt zum Kochen bringen, in etwa 25 Minuten gar kochen, abgießen, kalt abspülen und pellen. Die Kartoffeln in Scheiben schneiden. Den Porree putzen, waschen und in feine Ringe schneiden. Die Kartoffel- und Porreescheiben in eine gefettete Auflaufform schichten und jeweils mit Salz und Pfeffer würzen. Den Schinken in Streifen schneiden und darüberstreuen. Die Gemüsebrühe über die Zutaten gießen, mit Kümmel und Käse bestreuen und die Form auf dem Rost in den Backofen schieben.

Ober-/Unterhitze: etwa 200 °C (vorgeheizt)
Heißluft: etwa 180 °C (nicht vorgeheizt)
Gas: Stufe 3–4 (vorgeheizt)
Backzeit: etwa 40 Minuten.

KARTOFFEL-TOMATEN-AUFLAUF MIT HACKFLEISCH

500-750 g gegarte Pellkartoffeln
2 Zwiebeln
1 Pck. (50 g) TK-Suppengrün
1 EL Speiseöl
400 g Rindergehacktes
1 Pck. (500 g) stückige Tomaten
Salz
Pfeffer
1 TL gerebelter Oregano
30 g Butter
1 ½ EL Weizenmehl
375 ml (⅜ l) Milch
75 g geriebener Käse (z.B. Emmentaler)
geriebene Muskatnuß
3–4 Tomaten

Die Kartoffeln pellen und in Scheiben schneiden. Die Zwiebeln abziehen, würfeln und mit dem Suppengrün in dem erhitzten Öl glasig dünsten. Das Gehackte zugeben und unter Rühren krümelig braten. Die Tomaten aus der Packung hinzufügen, mit Salz, Pfeffer und Oregano würzen und alles offen einkochen lassen. Die Butter zerlassen, das Mehl darin anschwitzen und die Milch nach und nach mit einem Schneebesen unterrühren (Zubereitung einer hellen Grundsauce siehe Ratgeber). Die Sauce aufkochen lassen und die Hälfte des Käses unterrühren, mit Salz, Pfeffer und Muskat würzen. Die Tomaten waschen, die Stengelansätze herausschneiden und in Scheiben schneiden. Eine Auflaufform fetten und nacheinander Kartoffeln, Hackfleisch und Sauce einschichten. Zum Schluß schuppenförmig mit den restlichen Kartoffel- und den Tomatenscheiben abdecken. Mit Salz und Pfeffer würzen, den restlichen Käse darüberstreuen und die Form auf dem Rost in den Backofen schieben.

Ober-/Unterhitze: etwa 200 °C (vorgeheizt)
Heißluft: etwa 180 °C (nicht vorgeheizt)
Gas: etwa Stufe 4 (vorgeheizt)
Backzeit: etwa 45 Minuten.

KARTOFFEL-MÖHREN-GRATIN

500 g Kartoffeln
500 g Möhren
500 ml (½ l) Milch
125 g Schlagsahne
Salz
frisch gemahlener Pfeffer
gemahlene Muskatnuß
3–4 Zweige Majoran
100 g abgezogene, gemahlene Mandeln
Butter oder Margarine

Die Kartoffeln und die Möhren schälen, waschen und in etwa 4 mm dicke Scheiben hobeln. Eine flache Auflaufform fetten. Das Gemüse schuppenförmig einschichten, so daß sich ein Streifenmuster aus Kartoffel- und Möhrenscheiben ergibt. Milch und Sahne verrühren und mit Salz, Pfeffer und Muskat kräftig abschmecken. Den Majoran abspülen, die Blättchen von den Stengeln zupfen und mit den Mandeln in die Flüssigkeit rühren. Diese Flüssigkeit über das Gemüse gießen. Das Gemüse sollte gerade bedeckt sein. Wenn nötig, noch etwas gesalzene Milch zugießen. Die Form auf dem Rost in den Backofen schieben.
Ober-/Unterhitze:
etwa 200 °C (vorgeheizt)
Heißluft: etwa 180 °C (nicht vorgeheizt)
Gas: Stufe 3–4 (vorgeheizt)
Backzeit:
etwa 70 Minuten.
Das Gratin heiß als Beilage zu Fleisch, Fisch oder Eiern reichen oder als Hauptgericht servieren. Dann 15 Minuten vor Ende der Garzeit 4 Eier auf das Gemüse setzen und stocken lassen.

KARTOFFEL-AUFLÄUFE UND -GRATINS

KARTOFFEL-GRATIN

(ohne Foto)

600 g Kartoffeln
200 g Zucchini
150 g Egerlinge
Salz, Pfeffer
200 g Frischkäse mit Kräutern
125 ml (1/8 l) Schlagsahne
75 g geriebener Parmesan, 1 Ei
40 g Butterflöckchen

Die Kartoffeln waschen, schälen und hobeln. Die Zucchini und Egerlinge waschen und putzen. Das Gemüse in etwa 1/2 cm dicke Scheiben schneiden. Die Kartoffel-, Zucchini- und Pilzscheiben dachziegelartig in eine gefettete, flache Auflaufform schichten, jede Schicht mit etwas Salz und Pfeffer bestreuen. Den Frischkäse mit Sahne, Parmesan und dem Ei verrühren, mit Salz und Pfeffer abschmecken. Die Masse gleichmäßig über die Gemüsescheiben verteilen. Die Butterflöckchen darüber verteilen, auf der mittleren Schiene in den Backofen schieben.
Ober-/Unterhitze:
etwa 200 °C (vorgeheizt)
Heißluft: etwa 180 °C (nicht vorgeheizt)
Gas: Stufe 3–4 (vorgeheizt)
Backzeit: 50 Minuten.

KARTOFFEL-PIZZA

750 g Kartoffeln
150 g geräucherter Speck
500 g Tomaten
1/4 TL gerebelter Oregano
1 EL gehackte Petersilie
Salz
frisch gemahlener Pfeffer
250 g Maasdamer

Die Kartoffeln schälen, waschen, in dünne Scheiben schneiden, zum Trocknen eine Zeitlang auf Küchenpapier legen. Den Speck würfeln, auslassen, die Kartoffelscheiben hinzugeben, etwa 5 Minuten unter öfterem Wenden braten lassen. Die Tomaten waschen, abtrocknen, in Scheiben schneiden, mit den Kartoffelscheiben vermengen. Beide Zutaten gleichmäßig auf einem gefetteten Backblech verteilen, mit Oregano, Petersilie, Salz und Pfeffer bestreuen. Die Pizza mit dem Käse gleichmäßig belegen. Das Backblech in den Backofen schieben.
Ober-/Unterhitze:
200–220 °C (vorgeheizt)
Heißluft: 180–200 °C (nicht vorgeheizt)
Gas: Stufe 4–5 (vorgeheizt)
Backzeit:
etwa 25 Minuten.

ÜBERBACKENER KARTOFFELRING

1 kg mehligkochende Kartoffeln
Salzwasser
75 g Butter
2 Eier
Salz
frisch gemahlener Pfeffer
frisch geriebene Muskatnuß

Die Kartoffeln schälen, waschen, in Würfel schneiden, in so viel Salzwasser zum Kochen bringen, daß die Kartoffeln bedeckt sind, etwa 15 Minuten kochen lassen, abgießen, abdämpfen, noch heiß durch die Kartoffelpresse drücken oder zerstampfen. Die Butter und Eier unterrühren, mit Salz, Pfeffer und Muskatnuß würzen. Den Kartoffelbrei in einen Spritzbeutel mit großer Sterntülle füllen, einen Kartoffelring in eine gefettete Auflaufform spritzen. Die Form auf dem Rost in den Backofen schieben.
Ober-/Unterhitze:
200–220 °C (vorgeheizt)
Heißluft: 180–200 °C
(nicht vorgeheizt)
Gas: Stufe 4–5
(vorgeheizt)
Backzeit:
etwa 15 Minuten.

KARTOFFEL-AUFLÄUFE UND -GRATINS

KARTOFFEL-PORREE-GRATIN

750 g gegarte Pellkartoffeln
2 Stangen Porree (Lauch)
150 g frischer Sauerrahm
100 ml Milch
2 Eier
Salz
frisch gemahlener Pfeffer
3 EL gehackte Petersilie oder Kräuter
100 g geriebener Emmentaler Käse

Die Kartoffeln pellen und in Scheiben schneiden. Den Porree putzen waschen, in Stücke schneiden und 8–10 Minuten in Salzwasser garen. Kartoffeln und Porree in eine gefettete Auflaufform geben. Den Sauerrahm mit der Milch und den Eiern gut verschlagen, mit Salz, Pfeffer und Muskat würzen und die Petersilie unterheben.

Die Eier-Kräuter-Masse über die Zutaten geben und den Käse darüberstreuen. Die Form auf dem Rost in den Backofen schieben.
Ober-/Unterhitze: etwa 200 °C (vorgeheizt)
Heißluft: etwa 180 °C (nicht vorgeheizt)
Gas: Stufe 3–4 (vorgeheizt)
Backzeit: etwa 30 Minuten.

KARTOFFEL-SELLERIE-GRATIN

250 g Sellerie
500 g rohe, geschälte, festkochende Kartoffeln
Olivenöl
gut 125 ml (⅛ l) Fleischbrühe
Salz
frisch gemahlener Pfeffer
gerebelter Thymian
75 ml Olivenöl
40 g geriebener Parmesan
1 frischer Thymianzweig

Den Sellerie putzen, schälen, waschen, in Scheiben schneiden. Die Kartoffeln in dünne Scheiben schneiden (Gemüsehobel) und etwa 30 Minuten wässern, damit der Stärkeanteil vermindert wird. Eine große, flache, feuerfeste Form mit Olivenöl ausfetten, Kartoffel- und Selleriescheiben fächerförmig einschichten, mit Fleischbrühe begießen, mit Salz, Pfeffer und Thymian bestreuen, mit Olivenöl beträufeln. Die Form auf dem Rost in den Backofen schieben.
Ober-/Unterhitze: etwa 200 °C (vorgeheizt)
Heißluft: etwa 180 °C (nicht vorgeheizt)
Gas: Stufe 3–4 (vorgeheizt)
Backzeit: etwa 40 Minuten.
Die Form herausnehmen, mit Parmesan bestreuen, noch einmal kurz im Ofen gratinieren lassen.
Ober-/Unterhitze: 200–220 °C (vorgeheizt)
Heißluft: 200 °C (nicht vorgeheizt)
Gas: Stufe 4–5 (vorgeheizt)
Backzeit: 5–8 Minuten.
Das Gratin mit einem Thymianzweig garniert servieren.

KARTOFFEL-AUFLÄUFE UND -GRATINS

EXOTISCHER KARTOFFEL-AUFLAUF

**1 kg festkochende Kartoffeln
1 Zitrone (unbehandelt)
4 Orangen (unbehandelt)
220 g Ananas-Stücke (Dose)
175 g Mandarinen (Dose)
Salz
5 EL Butter**

Die Kartoffeln waschen, in Wasser zum Kochen bringen, in 20–25 Minuten gar kochen, abgießen, heiß pellen, erkalten lassen, in feine Streifen schneiden. Von der Zitrone und den Orangen die Schale abreiben, über die Kartoffeln streuen. Die Zitrone und Orangen schälen, in Scheiben schneiden. Die Ananas-Stücke und die Mandarinen abtropfen lassen, den Ananassaft zurücklassen, abwechselnd lagenweise Kartoffeln, Mandarinen, Zitronen- und Orangenscheiben sowie Ananasstücke in eine gut gefettete Auflaufform schichten, die oberste Schicht soll aus Kartoffeln bestehen. Den Ananassaft mit etwas Salz und Butter unter ständigem Rühren zum Kochen bringen, kurze Zeit kochen lassen, über den Auflauf gießen. Die Form auf dem Rost in den Backofen schieben.
Ober-/Unterhitze: 200–220 °C (vorgeheizt)
Heißluft: 180–200 °C (nicht vorgeheizt)
Gas: Stufe 4–5 (vorgeheizt)
Backzeit: etwa 45 Minuten.

KARTOFFEL-ZUCCHINI-GRATIN

(1–2 Portionen)

**250 g gekochte Pellkartoffeln
250 g Zucchini
2 Knoblauchzehen
250 ml (¼ l) Schlagsahne, Meersalz
frisch gemahlener Pfeffer
Estragonblättchen
50 g geriebener Emmentaler, Butter**

Die Kartoffeln pellen und in Scheiben schneiden. Die Zucchini waschen und die Enden abschneiden. Die Zucchini in Scheiben schneiden. Die Kartoffel- und Zucchinischeiben schuppenartig in eine gefettete flache Auflaufform schichten. Die Knoblauchzehen abziehen, durch die Knoblauchpresse geben, mit der Schlagsahne verrühren und mit Meersalz und Pfeffer würzen. Die Estragonblättchen hacken, unterrühren und über das Gemüse gießen. Den Emmentaler Käse darüberstreuen. Die Butter in Flöckchen darauf setzen und die Form auf dem Rost in den Backofen schieben.
Ober-/Unterhitze: etwa 220 °C (vorgeheizt)
Heißluft: etwa 200 °C (nicht vorgeheizt)
Gas: Stufe 4–5 (nicht vorgeheizt)
Backzeit: 20–25 Minuten.

KARTOFFEL-AUFLÄUFE UND -GRATINS

KARTOFFEL-GNOCCHI

1 kg mehligkochende Pellkartoffeln
3 Eier
100 g Weizenmehl
Salz
frisch geriebene Muskatnuß
1 ½ l Salzwasser
30 g Butter
2 Becher (je 125 g) Crème double
50 g geriebener Parmesan

Die Pellkartoffeln noch heiß pellen, durch die Kartoffelpresse drücken oder mit dem Kartoffelstampfer zerdrücken, etwas abkühlen lassen, mit Eiern und Mehl zu einem Teig verkneten, mit Salz und Muskatnuß würzen. Aus dem Teig fingerdicke Rollen formen, die Rollen in etwa 3 cm lange Stücke schneiden oder mit zwei Teelöffeln Nocken abstechen.

Das Salzwasser zum Kochen bringen, die Teignocken hineingeben, zum Kochen bringen, die Teignocken etwa 2–3 Minuten garen. Eine Gratinform mit Butter ausfetten, die Teignocken hineingeben. Crème double darübergeben, mit Parmesan bestreuen. Die Form auf dem Rost in den Backofen schieben, die Gnocchi goldbraun backen lassen.

Ober-/Unterhitze: etwa 200 °C (vorgeheizt)
Heißluft: etwa 180 °C (nicht vorgeheizt)
Gas: Stufe 3–4 (vorgeheizt)
Backzeit: etwa 20 Minuten.
Beigabe: Tomatensalat.

Tip: Die Kartoffelnocken mit in Streifen geschnittenen Salbeiblättchen bestreuen, dann Crème double darübergeben.

BUNTER KARTOFFEL-AUFLAUF

500 g gekochte Pellkartoffeln
je 1 rote, grüne, gelbe Paprikaschote
1 Dose (150 g) Mais
120 g gedünstete Champignons
1 Becher (125 g) Kräuter Crème fraîche
6 EL Milch
Salz
frisch gemahlener Pfeffer
Paprika
1 Frühlingszwiebel
gesalzene Erdnüsse

Die noch heißen Kartoffeln pellen, erkalten lassen, in Scheiben schneiden. Die Paprikaschoten putzen, entkernen, waschen, in Streifen schneiden, blanchieren, abtropfen lassen. Den Mais abtropfen lassen, mit den Champignons vermischen. Kräuter Crème fraîche mit Milch, Salz, Pfeffer und Paprika verrühren. Alles vermengen, in eine gefettete Auflaufform geben. Die Frühlingszwiebel putzen, waschen, in Ringe schneiden, mit den Erdnüssen über dem Gemüse verteilen. Die Form auf dem Rost in den Backofen schieben.
Ober-/Unterhitze:
etwa 200 °C (vorgeheizt)
Heißluft: etwa 180 °C
(nicht vorgeheizt)
Gas: etwa Stufe 4
(vorgeheizt)
Backzeit:
etwa 30 Minuten.

KARTOFFEL-AUFLÄUFE UND -GRATINS

SÜSSKARTOFFEL-KOHLRABI-GRATIN

600 g Süßkartoffeln (Bataten)
2 Kohlrabi
1 Bund Frühlingszwiebeln
300 g Staudensellerie
1 Becher (150 g) Joghurt
250 ml (¼ l) Sahne
Salz
frisch gemahlener Pfeffer
30 g Butter
60 g Rosinen
60 g grob gehackte Haselnußkerne
120 g geriebener Gouda
Paprika, edelsüß

Die Süßkartoffeln und die Kohlrabi schälen, in Scheiben von etwa ½ cm Dicke schneiden. Die Frühlingszwiebeln und den Staudensellerie putzen, waschen, in Stücke schneiden. Den Joghurt mit der Sahne verrühren, mit Salz und Pfeffer würzen. Eine flache Gratinform (Ø 28 cm) mit Butter einfetten. Den Staudensellerie hineingeben, darauf abwechselnd Süßkartoffeln- und Kohlrabischeiben schuppenartig hineinlegen. Die Frühlingszwiebeln und das Joghurt-Sahne-Gemisch darüber verteilen. Das Gratin mit Rosinen, Haselnußkernen und Gouda bestreuen, mit Paprika würzen und auf dem Rost in den Backofen schieben.
Ober-/Unterhitze: etwa 200 °C (vorgeheizt)
Heißluft: etwa 180 °C (nicht vorgeheizt)
Gas: Stufe 3–4 (vorgeheizt)
Backzeit: etwa 60 Minuten.
Evtl. nach der Hälfte der Backzeit mit Backpapier abdecken.
Beigabe: Gedünstetes Seelachsfilet.

KARTOFFEL-AUFLAUF MIT ÄPFELN UND BLUTWURST

(ohne Foto)

750 g mehligkochende Kartoffeln
Salzwasser
125 ml (1/8 l) Milch
Salz
frisch gemahlener Pfeffer
geriebene Muskatnuß
2 Zwiebeln
2 EL Speiseöl
500 g geräucherte Blutwurst
1–2 EL gehackte Majoranblättchen
2 mittelgroße säuerliche Äpfel (etwa 250 g)
3 EL gehackte Petersilie

Die Kartoffeln schälen, waschen, in Würfel schneiden und in so viel Salzwasser zum Kochen bringen, daß die Kartoffeln bedeckt sind. In etwa
15 Minuten gar kochen lassen, abgießen, abdämpfen, zerstampfen, mit der Milch verschlagen, mit Salz, Pfeffer und Muskatnuß würzen. Die Zwiebeln abziehen und in Scheiben schneiden. Das Speiseöl erhitzen, die Zwiebelscheiben darin glasig dünsten lassen. Die Blutwurst enthäuten, in Scheiben schneiden, zu den Zwiebeln geben, etwa 5 Minuten schmoren lassen, mit Salz und Pfeffer würzen, die Majoranblättchen hinzufügen. Blutwurst- und Zwiebelscheiben aus dem Fett nehmen, abtropfen lassen und das Fett beiseite stellen. Die Äpfel schälen, vierteln, entkernen und in dünne Scheiben schneiden. Eine feuerfeste Form ausfetten, die Hälfte des Kartoffelpürees hineingeben, etwas von der gehackten Petersilie darüberstreuen, die Hälfte der Blutwurst- und der Zwiebelscheiben, dann die Apfelscheiben einschichten. Die restlichen Blutwurst- und Zwiebelscheiben hineingeben, mit dem restlichen Kartoffelpüree bedecken, die restliche Petersilie darüberstreuen und den Auflauf mit dem zurückgelassenen Bratfett begießen. Die Form auf dem Rost in den Backofen schieben. Den Auflauf goldbraun backen lassen.

Ober-/Unterhitze:
etwa 200 °C (vorgeheizt)
Heißluft: etwa 180 °C (nicht vorgeheizt)
Gas: Stufe 3–4 (vorgeheizt)
Backzeit:
etwa 30 Minuten.

KARTOFFEL-AUFLÄUFE UND -GRATINS

KARTOFFEL-AUFLAUF GÄRTNERIN

1 kg festkochende Kartoffeln
500 g Zucchini
600 g Fleischtomaten
Salz
frisch geriebener Pfeffer
4 Eier
250 ml (¼ l) Milch
geriebene Muskatnuß oder Cayennepfeffer
1 Knoblauchzehe
100 g geriebener Emmentaler Käse

Die Kartoffeln, waschen, mit Wasser bedeckt 15–20 Minuten garen, abgießen, pellen, etwas abkühlen lassen und in Scheiben schneiden. Von den Zucchini die Stengelansätze abschneiden, waschen und der Länge nach in dünne Scheiben schneiden. Die Tomaten waschen, die Stengelansätze herausschneiden und achteln. Das Gemüse in eine gefettete Auflaufform schichten, dabei jede Schicht mit Salz und Pfeffer würzen. Die Eier mit der Milch verschlagen und mit Salz, Pfeffer, Muskat oder Cayennepfeffer kräftig würzen. Die Knoblauchzehe abziehen und in die Eiermilch pressen. Die Eiermilch über das Gemüse geben, den Käse darüberstreuen und die Form auf dem Rost in den Backofen schieben.
Ober-/Unterhitze: etwa 200 °C (vorgeheizt)
Heißluft: etwa 180 °C (nicht vorgeheizt)
Gas: Stufe 3–4 (vorgeheizt)
Backzeit: etwa 50 Minuten.

KARTOFFEL-KÄSE-AUFLAUF

750 g mehlig-fest-kochende, gegarte Pellkartoffeln
300 g Zucchini
200 g Allgäuer Emmentaler
Salz
frisch gemahlener Pfeffer
1 Zwiebel
2 EL Butter
375 ml (3/8 l) Milch
3 Eier

Die Pellkartoffeln pellen, würfeln. Die Zucchini waschen, Stengelansätze abschneiden, würfeln. Den Emmentaler reiben, Kartoffel- und Zucchiniwürfel in eine gefettete Auflaufform schichten, dabei jede Lage mit Salz und Pfeffer würzen und mit etwas Käse bestreuen. Die Zwiebel abziehen, fein würfeln, Butter zerlassen, die Zwiebel darin andünsten. Die Milch mit den Eiern verschlagen, Zwiebelwürfel unterrühren. Die Mischung über Kartoffeln und Zucchini gießen, den restlichen Käse darüberstreuen. Die Form auf dem Rost in den Backofen schieben.
Ober-/Unterhitze: etwa 200 °(vorgeheizt)
Heißluft: etwa 180 °C (nicht vorgeheizt)
Gas: Stufe 3–4 (vorgeheizt)
Backzeit: etwa 45 Minuten.

KARTOFFEL-AUFLÄUFE UND -GRATINS

KARTOFFEL-ROSENKOHL-AUFLAUF

750 g Kartoffeln
750 g Rosenkohl
Salzwasser
200 g gekochter Schinken
100 g Ziegenschnittkäse
(am Stück)
4 Eier
125 ml (⅛ l) Milch
geriebene Muskatnuß
¼ TL Cayennepfeffer
Salz
50 g gehobelte Haselnußkerne

Die Kartoffeln schälen, waschen, vierteln und den Rosenkohl putzen, waschen und am Strunk kreuzförmig einschneiden. Kartoffeln und Rosenkohl jeweils etwa 15 Minuten in Salzwasser garen, abtropfen lassen. Den Schinken in Streifen schneiden. Kartoffeln, Rosenkohl und Schinken in eine gefettete Auflaufform geben. Den Käse reiben und mit den Eiern und Milch verrühren.
Mit Muskat, Cayennepfeffer und Salz würzen und über die Zutaten gießen. Die Nüsse darüberstreuen und die Form auf dem Rost in den Backofen schieben.
Ober-/Unterhitze: etwa 200 °C (vorgeheizt)
Heißluft: etwa 180 °C (nicht vorgeheizt)
Gas: Stufe 3–4 (vorgeheizt)
Backzeit: etwa 40 Minuten.

KARTOFFEL-APFEL-AUFLAUF

(2 Portionen)

500 g Kartoffeln
3 Zwiebeln
1 EL Butterschmalz
1 TL gerebelter Majoran
Salz
frisch gemahlener Pfeffer
2 Äpfel (z.B. Elstar)
250 g Camembert (45%)
50 g Walnußkerne
2 EL Crème fraîche

Die Kartoffeln schälen, waschen und in kleine Würfel schneiden. Die Zwiebeln abziehen und in Scheiben schneiden. Kartoffeln und Zwiebeln im erhitzten Butterschmalz etwa 10 Minuten dünsten, ab und zu wenden. Mit Majoran, Salz und Pfeffer würzen. Die Äpfel waschen, vierteln, entkernen und in Spalten schneiden. Den Camembert in Scheiben schneiden. ¾ der Kartoffel-Zwiebel-Masse in eine gefettete Auflaufform geben, dann die Apfel- und Käsescheiben darauf verteilen. Die restliche Kartoffel-Zwiebel-Masse darübergeben. Die Walnußkerne darüberstreuen und die Crème fraîche in Flöckchen darauf setzen.
Die Form auf dem Rost in den Backofen schieben.
Ober-/Unterhitze: etwa 180 °C (vorgeheizt)
Heißluft: etwa 160 °C (nicht vorgeheizt)
Gas: etwa Stufe 3 (vorgeheizt)
Backzeit: etwa 40 Minuten.

KARTOFFEL-AUFLÄUFE UND -GRATINS

KARTOFFEL-RETTICH-GRATIN

600 g Kartoffeln
300 g Zucchini
600 g Rettich
Salz
Pfeffer
gemahlener Koriander
250–375 ml (¼–⅜ l)
Schlagsahne
100–150 g geriebener
Greyerzer Käse

Die Kartoffeln schälen und waschen. Von den Zucchini die Stengelansätze abschneiden und waschen. Den Rettich putzen, schälen und waschen. Die drei Zutaten in feine Scheiben hobeln und in eine gefettete große Gratinform schichten. Die einzelnen Schichten kräftig mit Salz, Pfeffer und Koriander würzen. Die Sahne darübergießen und den Käse darüberstreuen. Die Form auf dem Rost in den Backofen schieben.
Ober-/Unterhitze: etwa 200 °C (vorgeheizt)
Heißluft: etwa 180 °C (nicht vorgeheizt)
Gas: Stufe 3–4 (vorgeheizt)
Backzeit: 50–60 Minuten.
Sollte das Gratin zu stark bräunen, es mit Alufolie abdecken.
Beilage: Frikadellen.

KARTOFFEL-GRATIN MIT CHAMPIGNONS

1 kg Kartoffeln
250 g geputzte Champignons
1 EL Butter
1 mittelgroße Zwiebel
30 g Butter
Salz
frisch gemahlener Pfeffer
250 ml (¼ l) Schlagsahne
1 EL feingeschnittener Schnittlauch
300 g Käse, z. B. Edamer

Die Kartoffeln schälen, waschen, in Scheiben schneiden. Die Champignons in Scheiben schneiden, dann in der Butter (1 EL) dünsten. Die Zwiebel abziehen, fein würfeln. Die Butter (30 g) in einer flachen Servierpfanne zerlassen, die Zwiebelwürfel darin andünsten, mit Salz und Pfeffer würzen, die Champignons daraufgeben. Die Kartoffelscheiben schuppenförmig darauf anrichten, mit Salz bestreuen. Die Sahne mit dem Schnittlauch verrühren, mit Salz abschmecken, über die Kartoffeln gießen. Den Käse raspeln, darüber verteilen. Die Auflaufform zugedeckt auf dem Rost in den Backofen schieben, etwa 15 Minuten vor Beendigung der Backzeit den Deckel abnehmen.

Ober-/Unterhitze: 180–200 °C (vorgeheizt)
Heißluft: 160–180 °C (nicht vorgeheizt)
Gas: Stufe 3–4 (vorgeheizt)
Backzeit: etwa 1 Stunde.

Tip:
Für das Kartoffel-Gratin sollte eine festkochende Kartoffelsorte verwendet werden.

KARTOFFEL-AUFLÄUFE UND -GRATINS

56

KARTOFFEL-SPECK-AUFLAUF

**1 kg festkochende Kartoffeln
Salz
frisch gemahlener schwarzer Pfeffer
200 g geräucherter durchwachsener Speck oder Schinken
150 g geriebener Emmentaler Käse
500 ml (½ l) Schlagsahne oder halb Milch, halb Schlagsahne
4 Eier
geriebene Muskatnuß
Butterflöckchen**

Die Kartoffeln, schälen, waschen, in dünne Scheiben hobeln und 3 Minuten blanchieren. Mit Salz und Pfeffer würzen. Den Speck oder Schinken fein würfeln. Die Kartoffeln und Speck oder Schinken mischen, in eine gefettete Auflaufform geben. Den Käse darüberstreuen. Die Sahne mit den Eiern verquirlen und mit Salz, Pfeffer und Muskat würzen. Die Eiermasse über die Kartoffeln gießen, Butterflöckchen darauf verteilen und die Form auf dem Rost in den Backofen schieben.
Ober-/Unterhitze: etwa 180 °C (vorgeheizt)
Heißluft: etwa 160 °C (nicht vorgeheizt)
Gas: etwa Stufe 3 (vorgeheizt)
Backzeit: 50–60 Minuten.
Sollte der Auflauf zu stark bräunen, ihn etwa nach 45 Minuten Backzeit mit Alufolie abdecken.
Beilage: Salat

Tip:
Aufläufe lassen sich sehr gut vorbereiten. Die Zutaten in der Auflaufform abkühlen lassen und dann im Kühlschrank aufbewahren. Die Eiermilch erst kurz vor dem Backen über den Auflauf gießen.

KARTOFFEL-AUFLAUF MIT KASSELER UND GEMÜSE

**600 g mittelgroße, mehlig-festkochende Kartoffeln
Salzwasser
300 g Broccoli
500 g Kasseler (ohne Knochen)
500 g Tomaten
4 Eier
200 ml Milch
Salz
frisch gemahlener Pfeffer
geriebene Muskatnuß
75 g geriebener Gouda
1–2 EL feingeschnittener Schnittlauch**

Die Kartoffeln schälen, waschen, fächerartig in 2 mm Abstand einschneiden, 8–10 Minuten in Salzwasser kochen, herausnehmen, an den Rand einer Auflaufform setzen. Den Broccoli putzen, waschen, in Röschen teilen, den Stiel schälen, vierteln, die Stielstücke etwa 3 Minuten und die Röschen etwa 2 Minuten in dem Kartoffelkochwasser blanchieren, herausnehmen. Das Kasseler abspülen, trockentupfen, würfeln und die Tomaten waschen. Broccoli, Kasseler und Tomaten in die Auflaufform geben. Die Eier mit der Milch verquirlen, mit Salz, Pfeffer, Muskatnuß würzen, über die Zutaten gießen. Mit dem Käse bestreuen, auf dem Rost in den Backofen schieben.
Ober-/Unterhitze: etwa 200 °C (vorgeheizt)
Heißluft: etwa 180 °C (nicht vorgeheizt)
Gas: Stufe 3–4 (vorgeheizt)
Backzeit: etwa 45 Minuten.
Den Auflauf mit Schnittlauch bestreut servieren.

KARTOFFEL-AUFLÄUFE UND -GRATINS

KARTOFFEL-AUFLAUF MIT HACKFLEISCH

**750 g Kartoffeln
4 Stangen (500 g) Porree (Lauch)
2 Zwiebeln
2 Knoblauchzehen
2 EL Speiseöl
500 g Gehacktes (halb Rind-, halb Schweinefleisch)
Salz
frisch gemahlener Pfeffer
Cayennepfeffer
250 g saure Sahne
2 EL gehackte Petersilie
50 g geriebener Emmentaler Käse
30 g Butter**

Die Kartoffeln waschen, in Salzwasser zum Kochen bringen, in 20–25 Minuten gar kochen lassen, abgießen, abdämpfen, heiß pellen, erkalten lassen, in Scheiben schneiden. Den Porree putzen, das dunkle Grün bis auf etwa 10 cm entfernen, den Porree in Scheiben schneiden, gründlich waschen, in kochendes Salzwasser geben, zum Kochen bringen, 2–3 Minuten kochen, abtropfen lassen. Die Zwiebeln und den Knoblauch abziehen, fein würfeln. Das Speiseöl erhitzen, Zwiebel- und Knoblauchwürfel darin glasig dünsten lassen. Das Gehackte unter Rühren darin braun braten lassen, dabei die Fleischklümpchen zerdrücken. Das Hackfleisch mit Salz, Pfeffer, Cayennepfeffer würzen. Die saure Sahne mit der gehackten Petersilie verrühren, mit Salz und Pfeffer würzen. Eine feuerfeste Form ausfetten, die Hälfte der Kartoffelscheiben und der Porreeringe einfüllen, mit Salz bestreuen. Die Hälfte der Sahne darauf verteilen, die Hackfleischmasse darauf geben. Die restlichen Kartoffelscheiben und Porreeringe einfüllen, mit Salz bestreuen, mit der restlichen Sahne bedecken. Den geriebenen Käse darüberstreuen. Die Butter in Flöckchen darauf setzen. Die Form auf dem Rost in den Backofen schieben.
Ober-/Unterhitze: etwa 200 °C (vorgeheizt)
Heißluft: etwa 180 °C (nicht vorgeheizt)
Gas: Stufe 3–4 (vorgeheizt)
Backzeit: etwa 30 Minuten.

KARTOFFEL-AUFLAUF ANTJE

(ohne Foto)

1 Zwiebel
1 Knoblauchzehe
1 EL Speiseöl
500 g Gehacktes
(halb Rind- und halb Schweinefleisch)
½ TL abgeriebene Zitronenschale
1 EL frischer oder 1 TL gerebelter Thymian
Salz
frisch gemahlener Pfeffer
350 g grüne Bohnen
(oder 300 g TK-Bohnen)
750 g festkochende Kartoffeln
40 g Butter
30 g Weizenmehl
500 ml (½ l) Milch
geriebene Muskatnuß
250 g geriebener Holland-Maasdamer
250 g Tomaten

Die Zwiebel und den Knoblauch abziehen, würfeln und in dem erhitzten Öl glasig dünsten. Das Gehackte hinzufügen und 5 Minuten unter Rühren darin anbraten, mit Zitronenschale, Thymian, Salz und Pfeffer würzen. Die Bohnen putzen, waschen, in Stücke schneiden und 5 Minuten in Salzwasser blanchieren (TK-Bohnen ebenfalls 5 Minuten garen). Die Kartoffeln schälen, waschen und in dünne Scheiben hobeln.

Die Butter zerlassen, das Mehl darin anschwitzen und die Milch nach und nach mit einem Schneebesen unterrühren (Zubereitung einer hellen Grundsauce siehe Ratgeber). Die Sauce aufkochen, den Käse unterrühren, darin schmelzen lassen und die Sauce mit Salz, Pfeffer und Muskat abschmecken. Die Tomaten waschen, die Stengelansätze herausschneiden und grob hacken. Die Hälfte der Kartoffelscheiben in eine gefettete, große Auflaufform geben, mit Salz und Pfeffer würzen. Das Hackfleisch darüber verteilen, die Tomaten darübergeben und mit den Bohnen bedecken, mit Salz und Pfeffer würzen. Etwas Käse-Sauce darübergeben, die restlichen Kartoffeln schuppenförmig darauf legen und alles mit der restlichen Käse-Sauce bedecken. Die Form auf dem Rost in den Backofen schieben.
Ober-/Unterhitze: etwa 200 °C (vorgeheizt)
Heißluft: etwa 180 °C (nicht vorgeheizt)
Gas: Stufe 3–4 (vorgeheizt)
Backzeit: etwa 60 Minuten.
Sollte der Auflauf zu stark bräunen, ihn nach ⅔ der Backzeit mit Alufolie abdecken.

NUDEL- UND REIS-AUFLÄUFE UND -GRATINS

Hier bietet sich die ganze Vielzahl der Nudel-Sorten an. Makkaroni, Bandnudeln, Cannelloni, Lasagne, Rigatoni, um einige zu nennen. In Kombination mit Tomaten, Zucchini, vielen Kräutern, evtl. mit Fleisch oder Fisch, Eiern und natürlich Sahne – da ist der Genuß vorprogrammiert. Bei Nudel-Aufläufen ist zu beachten, daß die vorgegarten Nudeln nur knapp bißfest gekocht werden. Die leichtere Variante sind Reis-Aufläufe und -Gratins. Köstlich in Verbindung mit Krusten- und Schalentieren, Lachs, Thunfisch, Geflügel, mit Nüssen, Erbsen, Zuckerschoten und Frühlingszwiebeln, um nur einige ergänzende Zutaten zu nennen. Anstelle von Schlagsahne und Eiern sind helle Saucen, Fleischbrühen und Weißwein die geeigneten Flüssigkeitsträger. Auch hier ist zu beachten, daß der vorgegarte Reis noch eine feste Konsistenz hat.

NUDEL- UND REIS-AUFLÄUFE UND -GRATINS

AUBERGINEN-LASAGNE

(Foto Seite 60/61)

Für die Lasagne-Nudeln:
200 g Weizenvollkornmehl
2 Eier
1 TL Speiseöl
2–4 EL Wasser
1 TL talienische Kräutermischung
Paprika, edelsüß
frisch gemahlener Pfeffer
1 gestr. TL Salz

Für die Füllung:
300 g vorbereitete Auberginen
300 g vorbereiteter Staudensellerie
250 g vorbereitete Stein-Champignons
1 große Zwiebel
1 EL Speiseöl
1–2 Knoblauchzehen
1 Dose Pizza-Tomaten (400 g Einwaage)
250 ml (¼ l) Gemüsebrühe
1 TL gerebelter Thymian
gerebelter Rosmarin
gemahlener Koriander
frisch gemahlener Pfeffer
Salz
Cayennepfeffer

Zum Bestreichen:
300 g Frischkäse
50–100 ml Schlagsahne oder Milch
1 Bund Basilikum
2 TL grüne Pfefferkörner
Salz
frisch gemahlener Pfeffer
2 gestr. TL Margarine
3 EL geriebener Käse

Für die Lasagne-Nudeln das Mehl, Eier, Öl, Wasser und Gewürze zu einem Nudelteig verarbeiten. Den Teig in Folie gewickelt 30 Minuten ruhen lassen. Den Teig auf einer bemehlten Arbeitsplatte dünn ausrollen oder den Teig durch eine Nudelmaschine drehen. Aus dem Teig 8 x 16 cm große Rechtecke schneiden.
Für die Füllung von den Auberginen die Stengelansätze entfernen. Den Staudensellerie am Wurzelansatz abschneiden, an den äußeren Seiten grobe Fasern abziehen. Das Gemüse waschen, in kleine Würfel schneiden. Die Pilze putzen, unter fließendem kaltem Wasser kurz abspülen, in feine Scheiben schneiden. Die Zwiebel abziehen, halbieren, in feine Würfel schneiden. Das Öl erhitzen. Die Zwiebelwürfel darin glasig dünsten lassen. Die Gemüsewürfel hinzufügen, kurz mitdünsten lassen. Die Knoblauchzehe abziehen, fein zerdrücken. Zusammen mit den Tomaten und der Gemüsebrühe unter das Gemüse rühren, mit Thymian, Rosmarin, Koriander, Pfeffer, Salz und Cayennepfeffer würzen. Das Gemüse zugedeckt bei schwacher Hitze in 10 Minuten gar dünsten, etwas abkühlen lassen.

Zum Bestreichen den Frischkäse und die Sahne zu einer geschmeidigen Masse verrühren. Das Basilikum abspülen, trockentupfen. Die Blätter von den Stengeln zupfen, fein schneiden und zusammen mit den zerdrückten Pfefferkörnern unter die Käsecreme rühren, evtl. mit wenig Salz und Pfeffer abschmecken. Die Lasagneplatten mit der Masse bestreichen, abwechselnd lagenweise mit der Gemüsefüllung in eine gefettete Auflaufform schichten. Die oberste Schicht soll aus Lasagneplatten bestehen. Die Lasagne mit dem Käse bestreuen. Die Form auf dem Rost in den Backofen schieben.
Ober-/Unterhitze: etwa 200 °C (vorgeheizt)
Heißluft: etwa 180 °C (nicht vorgeheizt)
Gas: Stufe 3–4 (vorgeheizt)
Backzeit: 30–35 Minuten.

Tip:
Die Zubereitung der Vollkorn-Lasagne-Nudeln erfordert etwas Zeit, deshalb kann die Lasagne natürlich auch mit gekauften Lasagne-Nudeln zubereitet werden.

TORTELLINI-AUFLAUF

**250 g Tortellini
(mit Käsefüllung)
1 Bund Frühlings-
zwiebeln
1 Bund Salbei
150 g Parmaschinken
4 Tomaten (250 g)
3 EL Olivenöl
Salz
frisch gemahlener Pfeffer
1 zerdrückte Knoblauch-
zehe
1 Fenchelknolle (etwa
200 g)
2 Eier
200 ml Schlagsahne
150 g saurer Sahne
30 g Butterflöckchen
30 g Parmesan**

Die Tortellini in Salzwasser nach Packungsanleitung bißfest kochen. Die Nudeln auf ein Sieb geben, mit kaltem Wasser übergießen, abtropfen lassen. Die Frühlingszwiebeln putzen, waschen, in feine Ringe schneiden. Den Salbei abspülen, trockentupfen, die Blättchen von den Stengeln zupfen. Den Parmaschinken in Würfel schneiden. Die Tomaten kurze Zeit in kochendes Wasser legen (nicht kochen lassen), mit kaltem Wasser abschrecken, enthäuten, die Stengelansätze herausschneiden.

Die Tomaten in Würfel schneiden. Das Olivenöl erhitzen, das Gemüse, Salbei und die Schinkenwürfel darin anbraten, mit Salz, Pfeffer und Knoblauch würzen. Die Fenchelknolle halbieren, das Grün beiseite legen, in Scheiben schneiden, in etwas Salzwasser etwa 5 Minuten garen. Alle Zutaten mischen und in eine gebutterte Auflaufform geben. Die Eier mit Sahne und saurer Sahne verquirlen, mit Salz, Pfeffer abschmecken. Die Eiersahne über den Auflauf gießen, mit Butterflöckchen und Parmesan bestreuen. Die Form auf dem Rost in den kalten Backofen schieben.
Ober-/Unterhitze:
180–200 °C
Heißluft: 160–180 °C
Gas: Stufe 3–4
Backzeit: 30–40 Minuten.

NUDEL- UND REIS-AUFLÄUFE UND -GRATINS

NUDEL-SPINAT-AUFLAUF

**750 g TK-Blattspinat
200 g Bandnudeln
2 Zwiebeln
2 Knoblauchzehen
3 EL Olivenöl
125 ml (⅛ l) Schlagsahne
Salz
Pfeffer
geriebene Muskatnuß
4 EL gemahlene Sonnenblumenkerne oder Haselnußkerne
Butterflöckchen**

Den Spinat auftauen lassen. Die Nudeln in Salzwasser nach der Packungsanleitung knapp gar kochen, abgießen, kalt abspülen und gut abtropfen lassen. Die Zwiebeln und die Knoblauchzehen abziehen, würfeln. Das Olivenöl erhitzen, Zwiebeln und Knoblauch darin andünsten, den Spinat zugeben und 3–4 Minuten dünsten lassen, die Sahne zugeben. Den Spinat kräftig würzen. Die Nudeln in eine gefettete Auflaufform geben, den Spinat darauf verteilen, die Sonnenblumenkerne darüberstreuen und mit Butterflöckchen belegen. Die Form auf dem Rost in den Backofen schieben.
Ober-/Unterhitze: etwa 200 °C (vorgeheizt)
Heißluft: etwa 180 °C (nicht vorgeheizt)
Gas: etwa Stufe 4 (vorgeheizt)
Backzeit: 30 Minuten.
Tip:
Der Auflauf kann zusätzlich mit 100 g geriebenem Käse bestreut werden.

LASAGNE AL FORNO

1 abgezogene Knoblauchzehe
1 große Zwiebel
1 EL Speiseöl
250 g Gehacktes (halb Rind-, halb Schweinefleisch)
3 EL Tomatenmark
Salz
frisch gemahlener Pfeffer
gerebelter Rosmarin
gerebelter Oregano
gerebelter Thymian
250 ml (¼ l) Fleischbrühe
1 Becher (150 g) Crème fraîche
125 ml (⅛ l) Milch
40 g geriebener Parmesan
250 g Lasagne-Nudeln
Butter

Einen Topf mit der Knoblauchzehe ausreiben. Die Zwiebel abziehen, würfeln. Das Speiseöl in dem Topf erhitzen, die Zwiebelwürfel darin glasig dünsten lassen. Das Gehackte hinzufügen, darin anbraten. Das Tomatenmark unterrühren, durchschmoren lassen, mit Salz und Pfeffer, Rosmarin, Oregano und Thymian würzen, die Brühe hinzugießen, einige Minuten kochen lassen. Die Crème fraîche mit Milch und Parmesan verrühren. Die Nudeln abwechselnd lagenweise mit der Hackfleischmasse und der Sauce in eine gefettete, feuerfeste Form füllen. Die oberste Schicht sollte aus Sauce bestehen (die Nudeln müssen bedeckt sein). Die Butter in Flöckchen daraufsetzen. Die Auflaufform auf dem Rost in den Backofen schieben.
Ober-/Unterhitze: 200–220 °C (vorgeheizt)
Heißluft: 180–200 °C (nicht vorgeheizt)
Gas: Stufe 4–5 (vorgeheizt)
Backzeit: etwa 35 Minuten.

NUDEL- UND REIS-AUFLÄUFE UND -GRATINS

REIS-AUFLAUF MIT MANGOLD

1 EL Butter
1 Zwiebel
200 g Langkornreis
400 ml Gemüsebrühe
4 Eier
250 ml (¼ l) Schlagsahne
125 g Magerquark
Salz
frisch gemahlener schwarzer Pfeffer
geriebene Muskatnuß
1 Knoblauchzehe
750 g Mangold
200 g Zuckerschoten
2 Bund glatte Petersilie
50 g geriebener Parmsan
Butterflöckchen

Die Butter in einem Topf zerlassen. Die Zwiebel abziehen, würfeln und in der Butter glasig dünsten. Den Reis einstreuen, salzen und mit der Brühe angießen, 15–18 Minuten köcheln lassen, bis die gesamte Flüssigkeit vom Reis aufgenommen worden ist. Die Eier mit Sahne und Magerquark verschlagen, mit Salz, Pfeffer und Muskat würzen. Die Knoblauchzehe abziehen und in die Eiermasse pressen. Den Mangold putzen, waschen, in 10 cm lange Streifen schneiden, 3–4 Minuten blanchieren, abgießen und ausdrücken. Die Zuckerschoten putzen, waschen, die Enden abschneiden, 1–2 Minuten blanchieren und abtropfen lassen. Die Petersilie abspülen, die Blättchen von den Stengeln zupfen und feinhacken. Eine Auflaufform ausfetten, Reis und Gemüse schichtweise hineingeben, mit Salz und Pfeffer bestreuen. Die Petersilie dazwischen verteilen und mit der Eiermasse übergießen, so daß die Zutaten bedeckt sind. Den Parmesan über den Auflauf streuen, mit Butterflöckchen belegen. Die Form auf dem Rost in den Ofen schieben.
Ober-/Unterhitze:
etwa 200 °C (vorgeheizt)
Heißluft: etwa 180 °C (nicht vorgeheizt)
Gas: Stufe 3–4 (vorgeheizt)
Backzeit:
etwa 30 Minuten.

Tip:
Den Reis-Auflauf mit Kräutern, z. B. Thymian oder Basilikum garnieren.

LASAGNE MIT MANGOLD

(ohne Foto)

300 g Mangold
4 EL Olivenöl, Salz
Pfeffer, Muskatnuß
2 große Zwiebeln (200 g)
375 g Gehacktes vom Rind
1 TL scharfer Senf
gerebelter Thymian
gerebelter Oregano
etwa 250 g geschälte Tomaten (aus der Dose)
40 g Butter, 40 g Mehl
625 ml Milch
40 g geriebener Parmesan
200 g grüne Lasagne-Nudeln
150 g grob geraspelter mittelalter Gouda
Butter in Flöckchen

Den Mangold putzen, waschen, die Mangoldstiele in Stücke, die Blätter in 1-2 cm breite Streifen schneiden. Das Öl (2 EL) erhitzen, die Mangoldstiele etwa 5 Minuten darin dünsten lassen, die Blätterstreifen hinzufügen, mit Salz, Pfeffer und Muskatnuß würzen, 5–10 Minuten dünsten lassen. Die Zwiebeln abziehen und würfeln. Das restliche Öl erhitzen und die Zwiebelwürfel darin andünsten. Das Hackfleisch hinzufügen, verrühren, bis sich alle Fleischklümpchen gelöst haben, mit Salz, Pfeffer, Senf, Thymian und Oregano würzen. Die Tomaten zerkleinern, mit dem Saft hinzufügen, so lange schmoren lassen, bis die Flüssigkeit eingekocht ist. Die Butter zerlassen, das Mehl unter Rühren darin anschwitzen. Die Milch nach und nach hinzufügen, mit einem Schneebesen durchschlagen. Die Sauce zum Kochen bringen, etwa 5 Minuten kochen lassen. Den Parmesan unterrühren, mit Salz, Pfeffer und Muskat abschmecken. Eine rechteckige Auflaufform (etwa 30 x 22 cm) ausfetten, einen Teil von den grünen Lasagne-Nudeln nebeneinander in die Form legen, lagenweise Mangold, Hackfleisch, ⅔ der Sauce und Nudeln einschichten. Die oberste Schicht soll aus Nudeln bestehen, darüber die restliche Sauce geben. Den Auflauf mit Gouda bestreuen. Die Butter in Flöckchen darauf setzen, die Form auf dem Rost in den Backofen schieben.
Ober-/Unterhitze:
180–200 °C (vorgeheizt)
Heißluft: 160–180 °C (nicht vorgeheizt)
Gas: Stufe 3–4 (vorgeheizt)
Backzeit:
30–35 Minuten.

NUDEL- UND REIS-AUFLÄUFE UND -GRATINS

MAKKARONI-GEMÜSE-KÄSE-AUFLAUF

300 g Makkaroni
Salzwasser
2 kleine Zucchini (400 g)
350 g Möhren
300 g Shiitake-Pilze
4 EL Butter oder
Margarine
Salz
frisch gemahlener Pfeffer
geriebene Muskatnuß
300 g Gouda Käse
2 EL Weizenmehl
250 ml (¼ l) Milch
250 ml (¼ l) Wasser
1 Knoblauchzehe
1 EL Zitronensaft
2 EL Sonnenblumenkerne
2 EL Semmelbrösel
1 Bund Basilikum

Die Nudeln in kochendem Salzwasser nach Packungsanleitung knapp gar kochen, abgießen, kalt abschrecken und gut abtropfen lassen. Von den Zucchini die Stengelansätze abschneiden. Die Möhren putzen, schälen, beide Zutaten waschen und mit dem Sparschäler der Länge nach in dünne Scheiben schneiden. Die Pilze säubern und halbieren. 2 Eßlöffel von der Butter oder Margarine erhitzen, die Pilze darin anbraten. Das Gemüse hinzufügen und etwa 3 Minuten dünsten, mit Salz, Pfeffer und Muskat würzen. Die Nudeln mit dem Gemüse mischen und in eine gefettete Auflaufform geben. Den Käse grob raspeln. Die restliche Butter oder Margarine erhitzen, das Mehl darin anschwitzen und die Milch und das Wasser nach und nach mit einem Schneebesen unterrühren (Zubereitung einer hellen Grundsauce siehe Ratgeber). Die Sauce mit Salz, Pfeffer und Muskat würzen, 2 Minuten kochen lassen und die Hälfte des Käses in der Sauce schmelzen. Die Knoblauchzehe abziehen und in die Sauce pressen. Die Sauce mit dem Zitronensaft abschmecken und über die Zutaten gießen. Den restlichen Käse mit den Sonnenblumenkernen, Semmelbröseln, abspültem, kleingeschnittenem Basilikum und Pfeffer mischen und darüber verteilen. Die Form auf dem Rost in den Backofen schieben.
Ober-/Unterhitze:
200–220 °C (vorgeheizt)
Heißluft: 180–200 °C
(nicht vorgeheizt)
Gas: etwa Stufe 4
(vorgeheizt)
Backzeit:
etwa 30 Minuten.

Tip:
Das Überkochen beim Kochen von Nudeln wird verhindert, wenn dem Kochwasser etwas Speiseöl zugefügt wird.

RAVIOLI-AUFLAUF

1 Pck. (225 g) frische Spinatravioli mit Schinkenfüllung
1 Pck. (225 g) frische Ravioli mit Spinatfüllung
5 Tomaten
½ Bund Basilikum
1 geh. EL Butter
1 geh. EL Weizenmehl
250 ml (¼ l) Milch
200 ml Wasser
½ Brühwürfel
Salz, Pfeffer
geriebene Muskatnuß
2 Scheiben gekochter Schinken
25 g geriebener Emmentaler Käse
2 EL geriebener Parmesan

Die Ravioli in eine gefettete Auflaufform geben. Die Tomaten waschen, die Stengelsansätze herausschneiden, achteln und mit den Ravioli vermengen. Die Butter zerlassen, das Mehl darin anschwitzen, Milch und Wasser nach und nach mit einem Schneebesen unterrühren (Zubereitung einer hellen Grundsauce siehe Ratgeber), den Brühwürfel hinzufügen, mit Salz, Pfeffer und Muskat kräftig würzen und 2 Minuten kochen lassen. Den Schinken würfeln und mit dem Emmentaler Käse unterrühren. Die Sauce über die Zutaten geben und mit dem Parmesan bestreuen. Die Form auf dem Rost in den Backofen schieben.
Ober-/Unterhitze: etwa 220 °C (vorgeheizt)
Heißluft: etwa 200 °C (nicht vorgeheizt)
Gas: Stufe 4–5 (vorgeheizt)
Backzeit: 20–25 Minuten.

NUDEL- UND REIS-AUFLÄUFE UND -GRATINS

MAKKARONI-AUFLAUF MIT SCHINKEN

250 g Makkaroni
200 g gekochter Schinken, 60 g Käse
Butter oder Margarine
2 Eier
250 ml (¼ l) Milch
Salz
geriebene Muskatnuß
frisch gemahlener Pfeffer
2 EL Semmelbrösel
30 g Butter

Die Makkaroni in fingerlange Stücke brechen, in 1 ½ l kochendes Salzwasser geben, zum Kochen bringen in etwa 10 Minuten knapp gar kochen lassen. Die Nudeln auf ein Sieb geben, mit kaltem Wasser übergießen, abtropfen lassen. Den Schinken in kleine Würfel schneiden, den Käse reiben. Die Makkaroni, Schinken und Käse abwechselnd lagenweise in eine mit Butter oder Margarine gefettete Auflaufform füllen. Die oberste Schicht soll aus Makkaroni bestehen. Die Eier mit Milch, Salz, Muskatnuß und Pfeffer verschlagen, über die Makkaroni gießen. Den Auflauf mit Semmelbröseln bestreuen. Die Butter in Flöckchen darauf setzen, die Auflaufform auf dem Rost in den Backofen schieben.
Ober-/Unterhitze: 200–220 °C (vorgeheizt)
Heißluft: 180–200 °C (nicht vorgeheizt)
Gas: Stufe 4–5 (vorgeheizt)
Backzeit: etwa 40 Minuten.
Veränderung: Anstelle des gekochten Schinkens halbgar gedünstete Pilze oder rohe Tomatenscheiben einschichten. Statt der verschlagenen Eier eine Tomatensauce verwenden.
Beilage: Grüner Salat.

NUDEL-AUFLAUF MIT PUTENBRUST

250 g Spiralnudeln
Salzwasser
375 g Putenbrust
2 EL Speiseöl
Salz
Pfeffer
200 g Champignons
1 rote Paprikaschote (200 g)
200 g TK-Erbsen
1 Bund Petersilie
1 Becher (150 g) Crème fraîche
125 g geriebener Allgäuer Emmentaler

Die Nudeln in dem Salzwasser etwa 5 Minuten kochen, abgießen, kalt abspülen und gut abtropfen lassen. Die Putenbrust kalt abspülen, trockentupfen und in kleine Würfel schneiden. Das Öl erhitzen und das Fleisch darin in etwa 5 Minuten scharf anbraten, mit Salz, Pfeffer würzen. Die Champignons putzen, waschen und in Scheiben schneiden und die Paprika halbieren, entstielen, entkernen, die weißen Scheidewände entfernen, waschen und würfeln. Die Champignonscheiben und Paprikawürfel zum Fleisch geben und 3 Minuten mitdünsten. Die Nudeln unterrühren.
Die Petersilie waschen, fein hacken und mit der Crème fraîche und dem Käse unter die Nudelmischung rühren, kräftig mit Salz und Pfeffer würzen. Die Zutaten in eine gefettete Auflaufform geben. Die Form auf dem Rost in den Backofen schieben.
Ober-/Unterhitze: etwa 200 °C (vorgeheizt)
Heißluft: etwa 180 °C (nicht vorgeheizt)
Gas: etwa Stufe 4 (vorgeheizt)
Backzeit: 25–30 Minuten.

NUDEL- UND REIS-AUFLÄUFE UND -GRATINS

LASAGNE MIT BASILIKUM

(4–6 Portionen)

Für die Fleischsauce:
1–2 EL Speiseöl
500 g Gehacktes (halb Rind-, halb Schweinefleisch)
200 g Zwiebeln
2–3 Knoblauchzehen
1 Dose (70 g) Tomatenmark
250 ml (¼ l) Wasser (oder halb Wasser halb Rotwein)
Salz
frisch gemahlener Pfeffer
Paprika edelsüß
½ Bund Basilikum

Für die Käsesauce:
40 g Butter oder Margarine
40 g Weizenmehl
625 ml Milch
150–200 g geriebener mittelalter Gouda
Salz
frisch gemahlener Pfeffer
geriebene Muskatnuß
1 kg Fleischtomaten
½ Bund Basilikum
etwa 300 g grüne Lasagne-Nudeln

Für die Fleischsauce das Öl erhitzen, das Gehackte hinzufügen, unter Rühren anbraten, dabei die Fleischklümpchen mit einer Gabel zerdrücken. Zwiebeln und Knoblauch abziehen, würfeln, zu dem Gehackten geben, mitdünsten lassen. Das Tomatenmark mit Wasser (oder Wasser mit Wein) unterrühren, mit Salz, Pfeffer, Paprika würzen. Das Basilikum vorsichtig abspülen, trockentupfen, die Blättchen von den Stielen zupfen, zu dem Gehackten geben. Die Fleischsauce etwa 15 Minuten schmoren lassen, evtl. nochmals mit Salz, Pfeffer, Paprika abschmecken. Für die Käsesauce die Butter oder Margarine zerlassen, das Mehl unter Rühren so lange darin erhitzen, bis es hellgelb ist. Die Milch hinzugießen, mit einem Schneebesen durchschlagen, darauf achten, daß keine Klumpen entstehen, zum Kochen bringen (Zubereitung einer hellen Grundsauce siehe Ratgeber).
⅔ von dem Käse unterrühren, die Sauce etwa 5 Minuten kochen lassen, mit Salz, Pfeffer, Muskat abschmecken. Die Tomaten kurze Zeit in kochendes Wasser legen (nicht kochen lassen), in kaltem Wasser abschrecken, enthäuten, die Stengelansätze herausschneiden, die Tomaten in Scheiben schneiden. Das Basilikum vorsichtig abspülen, trockentupfen, die Blättchen von den Stielen streifen, die Blättchen hacken. Eine viereckige Form ausfetten, abwechselnd jeweils einen Teil Lasagne-Nudeln, Fleischsauce, Tomatenscheiben (mit Pfeffer und gehacktem Basilikum bestreut), und Käsesauce einschichten, die oberste Schicht sollte aus Käsesauce bestehen. Den restlichen Käse darüberstreuen und die Form auf dem Rost in den Backofen schieben.
Ober-/Unterhitze: 200–220 °C (vorgeheizt)
Heißluft: 180–200 °C (nicht vorgeheizt)
Gas: Stufe 4–5 (vorgeheizt)
Backzeit: etwa 40 Minuten.
Beigabe: Grüner Salat.

Tip:
Für eine vegetarische Lasagne anstatt der Fleischfüllung eine Gemüsemischung aus Zwiebeln, Porree, Möhren, Sellerie und Mais zubereiten.

TOMATEN-REIS-AUFLAUF

(ohne Foto)

750 g Porree (Lauch)
50 g Butter
500 ml (½ l) Salzwasser
250 g Langkornreis, Salz
200 g Salami
250 g Gouda, mittelalt
1 Bund glatte Petersilie
2 EL Semmelbrösel
1 kg Fleischtomaten

Den Porree putzen, waschen, in feine Ringe schneiden, in der Butter andünsten, den Reis zugeben. Das kochende Salzwasser angießen und den Reis 15 Minuten ausquellen lassen. Die Salami in feine Streifen schneiden, den Gouda raspeln und die Petersilie abspülen, trockentupfen und hacken. Die Salami und ⅓ des Käses in den Porreereis rühren. Den Reis in eine gefettete Auflaufform füllen. Den restlichen Käse mit der Petersilie und den Semmelbröseln mischen.
Die Tomaten abspülen, trockentupfen und in dünne Scheiben schneiden. Den Auflauf schuppenförmig mit den Tomatenscheiben belegen, die Käsemischung darüber verteilen und die Form auf dem Rost in den kalten Backofen schieben.
Ober-/Unterhitze: etwa 200 °C
Heißluft: etwa 180 °C
Gas: etwa Stufe 4
Backzeit: 35 Minuten.

NUDEL- UND REIS-AUFLÄUFE UND -GRATINS

NUDEL-AUFLAUF MIT PILZEN

*300–400 g Vollkorn-
nudeln (z.B. Hörnchen)
100 g mittelgroße
Zwiebeln
250 g frische Champi-
gnons oder 180 g (aus
der Dose)
20 g Butter oder
Margarine
Fett für die Form
gekörnte Brühe
2 Eier
1 Becher (150 g) saure
Sahne
Milch
Salz*

*frisch gemahlener Pfeffer
Paprika edelsüß
geriebene Muskatnuß
Hefewürze*

Die Nudeln in kochendes Salzwasser geben, 10–15 Minuten sprudelnd kochen lassen. In ein Sieb geben, mit kaltem Wasser übergießen, abtropfen lassen. Die Zwiebeln abziehen, fein würfeln. Die Pilze putzen, waschen, gut abtropfen lassen. Mit den Zwiebeln in der zerlassenen Butter oder Margarine leicht andünsten. Die Nudeln, Zwiebeln und Pilze in eine gefettete Auflaufform schichten. Etwas gekörnte Brühe darüberstreuen. Die Eier mit saurer Sahne, etwas Milch, Salz, Pfeffer, Muskatnuß und Hefewürze verschlagen, über den Auflauf gießen. Die Form auf dem Rost in den Backofen schieben.

Ober-/Unterhitze:
etwa 200 °C (vorgeheizt)
Heißluft: etwa 180 °C
(nicht vorgeheizt)
Gas: Stufe 3–4
(vorgeheizt)
Backzeit:
25–30 Minuten.

Tip:
Anstelle der Vollkornnudeln können auch Nudeln aus Hartweizengrieß verwendet werden.

CANNELLONI AUF BLATTSPINAT

1 EL Speiseöl
1 gewürfelte Zwiebel
2 Pck. (600 g) TK-Blattspinat, Salz
Pfeffer, Muskatnuß

Für die Sauce:
60 g Butter, 60 g Mehl
375 ml (3/8 l) Milch
125 ml (1/8 l) Sahne
60 g geriebener Parmesan
etwa 125 g Cannelloni
60 g geriebener Parmesan
Butter in Flöckchen

Das Öl erhitzen, die Zwiebelwürfel darin andünsten. Den Blattspinat unaufgetaut hinzufügen, etwas Wasser hinzugießen, etwa 15 Minuten dünsten lassen, mit Salz, Pfeffer und Muskatnuß würzen. Den Spinat abtropfen lassen und in eine gefettete Auflaufform füllen. Für die Sauce die Butter zerlassen und das Mehl unter Rühren darin anschwitzen. Die Milch und Sahne hinzugießen, mit einem Schneebesen durchschlagen, zum Kochen bringen, etwa 2 Minuten kochen lassen und mit Salz und Pfeffer würzen. Etwa 1/3 der Sauce herausnehmen, mit dem Parmesan verrühren. Die restliche Sahnesauce beiseite stellen, die Hälfte der Käsesauce über den Spinat geben, die andere Hälfte (am besten mit Hilfe eines Spritzbeutels) in die Cannelloni füllen.

Die Cannelloni auf den Spinat legen, mit der restlichen Sahnesauce übergießen, mit dem Parmesan (60 g) bestreuen. Die Butter in Flöckchen daraufsetzen, backen.
Ober-/Unterhitze: etwa 220 °C (vorgeheizt)
Heißluft: etwa 200 °C (nicht vorgeheizt)
Gas: etwa Stufe 4 (vorgeheizt)
Backzeit: 20–30 Minuten.

NUDEL- UND REIS-AUFLÄUFE UND -GRATINS

LANDFRAUEN-AUFLAUF MIT FRÜHLINGS-QUARK

200 gelbe und grüne Bandnudeln
500 g Fleischtomaten
250 g gekochter Schinken
3 Eier
200 ml Schlagsahne
Salz
frisch gemahlener Pfeffer
1 Bund Schnittlauch
½ Bund glatte Petersilie
2 Pck. (je 200 g) Frühlings-Quark

Die Bandnudeln in kochendes Salzwasser geben, zum Kochen bringen, ab und zu umrühren, nach Packungsanleitung knapp gar kochen, mit kaltem Wasser übergießen, abtropfen lassen. Die Fleischtomaten kurze Zeit in kochendes Wasser legen (nicht kochen lassen), in kaltem Wasser abschrecken, enthäuten, die Stengelansätze herausschneiden. Die Tomaten in Scheiben schneiden. Den gekochten Schinken in Würfel schneiden. Die Eier mit der Sahne verschlagen, mit Salz und Pfeffer würzen. Den Schnittlauch und die Petersilie abspülen, trokkentupfen, fein schneiden bzw. hacken. Eine flache feuerfeste Form ausfetten, eine Schicht Tomatenscheiben hineingeben, mit Salz, Pfeffer, Schnittlauch und Petersilie bestreuen. Die Hälfte der Schinkenwürfel darüber geben. Die Nudeln, die restlichen Tomatenscheiben mit den Schinkenwürfeln einschichten. Die Kräuter darüber streuen, die Eier-Sahne-Masse darüber verteilen. Die Form auf dem Rost in den Backofen schieben.
Den Frühlings-Quark verrühren, etwa 10 Minuten vor Beendigung der Backzeit über den Auflauf geben.
Ober-/Unterhitze: etwa 200 °C (vorgeheizt)
Heißluft: etwa 180 °C (nicht vorgeheizt)
Gas: etwa Stufe 4 (vorgeheizt)
Backzeit: etwa 40 Minuten.

Tip:
Der Frühlings-Quark kann auch selbst hergestellt werden. Dazu werden 400 g Speisequark mit 2–3 EL Crème fraîche, 6 EL gehackten Kräutern, 2 gewürfelten Zwiebeln und etwas Salz und Pfeffer verrührt.

ZUCCHINI-NUDEL-AUFLAUF

400 g grüne Bandnudeln
Salz
1 Bund Basilikum
200 g Gorgonzola
100 g gemahlene Haselnußkerne
200 g Schlagsahne
200 g Ricotta oder Sahnequark
frisch gemahlener Pfeffer
2 EL Weinbrand
750 g kleine Zucchini
50 g Semmelbrösel
30 g Butter

Die Nudeln in kochendes Salzwasser geben, nach Packungsanleitung knapp gar kochen, dann abgießen, mit kaltem Wasser abschrecken und abtropfen lassen. Die Basilikumblätter abspülen, trockentupfen und in Streifen schneiden. Gorgonzola, Nüsse, Sahne, Ricotta, Pfeffer und Weinbrand cremig rühren und mit Salz abschmecken. Die Zucchini waschen, die Enden abschneiden, die Zucchini raspeln. In eine gefettete Auflaufform jeweils ein Drittel der Nudeln, Zucchini, Basilikumstreifen und der Käsecreme schichten. Den Vorgang zweimal wiederholen. Die oberste Schicht Käsecreme mit Semmelbröseln bestreuen und mit Butterflöckchen belegen. Die Form auf dem Rost in den Backofen schieben.
Ober-/Unterhitze: 200–220 °C (vorgeheizt)
Heißluft: 180–200 °C (nicht vorgeheizt)
Gas: etwa Stufe 4 (vorgeheizt)
Backzeit: 50 Minuten.

NUDEL- UND REIS-AUFLÄUFE UND -GRATINS

NUDEL-AUFLAUF

250 g Bandnudeln
2 mittelgroße Zwiebeln
1 Knoblauchzehe
20 g Butter
500 g Gehacktes
(halb Rind-, halb
Schweinefleisch)
Salz, Pfeffer
Paprika edelsüß
gerebelter Thymian
500 g Tomaten
100 g geriebener Käse,
z.B. Gouda
20 g Butter

Die Nudeln in Salzwasser geben, zum Kochen bringen, ab und zu umrühren, nach der Packungsanleitung knapp gar kochen lassen. Die Nudeln auf ein Sieb geben, mit kaltem Wasser übergießen, abtropfen lassen. Die Zwiebeln und die Knoblauchzehe abziehen, würfeln. Die Butter zerlassen, die Zwiebel- und Knoblauchwürfel darin glasig dünsten lassen. Das Gehackte hinzufügen, unter ständigem Rühren darin anbraten. Dabei die Fleischklümpchen mit einer Gabel etwas zerdrücken. Das Hackfleisch mit Salz, Pfeffer, Paprika und Thymian würzen. Die Tomaten kurze Zeit in kochendes Wasser legen (nicht kochen lassen), in kaltem Wasser abschrecken, enthäuten, halbieren, die Stengelansätze herausschneiden. Die Tomatenhälften in Stücke schneiden, zu dem Hackfleisch geben, etwa 5 Minuten mitschmoren lassen, mit Salz, Pfeffer, Paprika würzen. $^2/_3$ der Nudeln in eine gefettete Auflaufform füllen, die Hackfleischmasse darauf geben, mit den restlichen Nudeln bedecken. Den Käse darüberstreuen. Die Butter in Flöckchen darauf setzen. Die Form auf dem Rost in den Backofen schieben.
Ober-/Unterhitze:
200–220 °C (vorgeheizt)
Heißluft: 180–200 °C
(nicht vorgeheizt)
Gas: Stufe 4–5
(vorgeheizt)
Backzeit: 35–40 Minuten.

Tip:
Da Hackfleisch schnell verderblich ist, sollte es am Tag des Einkaufs zubereitet werden.

REIS-GEMÜSE-GRATIN

(ohne Foto)

250–300 g ungeschälter Reis
750 ml–1 l kochendes Salzwasser
30 g Butter
Salz
frisch gemahlener Pfeffer
Paprika edelsüß
Butter für die Pfanne
2–3 Zucchini (400 g)
1–2 Zwiebeln
1 Knoblauchzehe
2 EL kaltgepreßtes Olivenöl
Salz
frisch gemahlener Pfeffer
italienische Kräuter-Mischung
4–6 Tomaten
125 g Mozzarella-Käse

Den Reis in kochendes Salzwasser geben, zum Kochen bringen, in etwa 45 Minuten ausquellen lassen, auf ein Sieb geben, mit lauwarmem Wasser übergießen und abtropfen lassen. Die Butter unterrühren und mit Salz, Pfeffer und Paprika würzen. Den Reis in eine gefettete Auflaufform geben und glattstreichen. Die Zucchini waschen, abtrocknen, den Stiel abschneiden und die Zucchini in etwa 1/2 cm dicke Scheiben schneiden. Die Zwiebeln und die Knoblauchzehe abziehen und fein würfeln. Das Olivenöl erhitzen, Zwiebel- und Koblauchwürfel darin andünsten, die Zucchinischeiben hinzufügen und durchdünsten lassen. Mit Salz, Pfeffer und Kräuter-Mischung würzen. Das Gemüse in der geschlossenen Pfanne 5–7 Minuten dünsten lassen, ab und zu durchrühren. Die Tomaten waschen, abtrocknen, die Stengelansätze herausschneiden. Die Tomaten in Scheiben schneiden, um den Reis legen, mit Salz, Pfeffer und italienischen Kräutern bestreuen. Die Zucchinischeiben in die Mitte geben. Den Mozzarella in kleine Stücke schneiden und auf dem Gemüse verteilen. Die Form auf dem Rost in den Backofen schieben.
Ober-/Unterhitze: 180–200 °C (vorgeheizt)
Heißluft: 160–180 °C (nicht vorgeheizt)
Gas: Stufe 3–4 (vorgeheizt)
Backzeit: etwa 25 Minuten.

Tip:
Reis bleibt schön körnig, wenn nach dem Garen zwischen Topf und Topfdeckel ein Tuch gelegt wird. Der aufsteigende Dampf wird in dem Tuch aufgesaugt und es entsteht kein Kondenswasser. Dadurch wird ein Übergaren verhindert.

NUDEL- UND REIS-AUFLÄUFE UND -GRATINS

QUARK-NUDEL-AUFLAUF

*200 g Gabelspaghetti
1 EL Speiseöl
2–3 l kochendes Salzwasser
250 g Magerquark
1 Becher (150 g) Crème fraîche, 3 Eier
1 TL Kümmel
2 EL feingeschnittener Schnittlauch, Salz
frisch gemahlener Pfeffer
2 geräucherte Mettwürstchen
50 g durchwachsener Speck*

Die Gabelspaghetti mit dem Öl in kochendes Salzwasser geben, zum Kochen bringen, ab und zu umrühren, in 8–10 Minuten bißfest kochen lassen. Die Spaghetti auf ein Sieb geben, mit kaltem Wasser übergießen, abtropfen lassen. Den Quark mit Crème fraîche, Eiern, Kümmel und feingeschnittenem Schnittlauch verrühren, mit Salz und Pfeffer würzen. Die Mettwürstchen abspülen, abtrocknen, in Scheiben schneiden, mit den Spaghetti unter den Quark heben, in eine gefettete, feuerfeste Form füllen. Den Speck in dünne Scheiben schneiden, auf die Quark-Spaghetti-Masse geben. Die Form auf dem Rost in den Backofen schieben.

Ober-/Unterhitze: 200–220 °C (vorgeheizt)
Heißluft: 180–200 °C (nicht vorgeheizt)
Gas: Stufe 4–5 (vorgeheizt)
Backzeit: 50–55 Minuten.

GEBACKENER KRAUTREIS

125 g Langkornreis
Salz
1 Zwiebel
1 Knoblauchzehe
1 EL Speiseöl
500 g gemischtes Hackfleisch
Pfeffer
gemahlener Kümmel
4 EL Paprika, edelsüß
1 Dose Sauerkraut (850 g Einwaage)
1 Becher (250 g) Schmand

Den Reis in 500 ml (½ l) kochendes Salzwasser geben und 15 Minuten ausquellen lassen, auf ein Sieb geben, abtropfen lassen. Die Zwiebel und Knoblauch abziehen, fein hacken und in dem Öl glasig werden lassen. Das Hackfleisch zerkrümeln und gut durchbraten. Mit Pfeffer, Salz, Kümmel und 2 EL Paprika herzhaft würzen. Die Hälfte des Sauerkrauts in eine gefettete Auflaufform geben, darauf den Reis füllen. Das Fleisch auf den Reis geben, restliches Kraut darüber verteilen. Die Form abdecken und in den kalten Backofen schieben.
Ober-/Unterhitze: etwa 220 °C
Heißluft: 180–200 °C
Gas Stufe 4–5
Backzeit: 30 Minuten.
Den Schmand mit dem restlichen Paprika verrühren, auf den Auflauf streichen und offen weitere 25 Minuten backen.

Tip:
Reis kann auch im Backofen gegart werden. Dazu Reis mit der 1½ fachen Menge Flüssigkeit in ein feuerfestes Gefäß geben und zugedeckt im Backofen bei 200 °C (Heißluft: 180 °C, Gas: Stufe 3–4) 20–30 Minuten garen.

NUDEL- UND REIS-AUFLÄUFE UND -GRATINS

WÜRZIGER REIS-AUFLAUF

300 g Parboiled Reis
500 ml (½ l) kochende Fleischbrühe
1 Lorbeerblatt
1 Knoblauchzehe
4 Pfefferkörner
50 g Korinthen
500 g Salzgurken
300 g Kasseler
250 g saure Sahne
250 ml (¼ l) Schlagsahne
½ TL Zimt
1 Prise Pimentpulver
Butter, saure Sahne

Den Reis in die Fleischbrühe geben und aufkochen lassen. Die Knoblauchzehe abziehen und mit dem Lorbeerblatt und den Pfefferkörnern hinzufügen. Den Reis bei kleiner Hitze in etwa 20 Minuten ausquellen lassen. Die Gewürze entfernen, den Reis mit den Korinthen vermengen. Die Gurken abspülen und in dünne Scheiben schneiden. Das Kasseler in Streifen schneiden. Beide Sahnesorten verrühren und mit Zimt und Piment würzen. Ein Viertel der Reismasse in eine gefettete Auflaufform füllen, jeweils ⅓ Gurken, Kasseler und Sahne darauf verteilen. Den Vorgang wiederholen, bis alle Zutaten verbraucht sind. Den Abschluß bildet der Reis. Mit Butterflöckchen belegen und die Form auf dem Rost in den Backofen schieben.
Ober-/Unterhitze:
etwa 220 °C (vorgeheizt)
Heißluft: etwa 200 °C (nicht vorgeheizt)
Gas: Stufe 4–5 (vorgeheizt)
Backzeit:
etwa 50 Minuten.
Den heißen Auflauf mit saurer Sahne servieren.

NUDEL-GRATIN

250 g grüne Bandnudeln
2 große Zwiebeln
1 Knoblauchzehe
2 EL Butter
375 Gehacktes (halb Rind-, halb Schweinefleisch)
Salz
schwarzer Pfeffer
geriebene Muskatnuß
1 Dose (140 g) Tomatenmark
200 ml trockener Rotwein
1 Lorbeerblatt
1 TL Kräuter der Provençe
100 g geraspelter Allgäuer Emmentaler
gerebelter Majoran

Die Nudeln in kochendem Salzwasser nach Packungsanleitung knapp gar kochen, abgießen, kalt abschrecken und gut abtropfen lassen. Die Zwiebeln und den Knoblauch abziehen. Die Zwiebeln würfeln und den Knoblauch hacken. Die Butter erhitzen, Zwiebeln und Knoblauch darin andünsten, dann das Hackfleisch zugeben und unter Rühren scharf anbraten. Mit Salz. Pfeffer und Muskat würzen. Tomatenmark, Rotwein, Lorbeer und Kräuter der Provençe zugeben und die Masse abgedeckt etwa 10 Minuten schmoren. Die Nudeln in eine gefettete Auflaufform geben. Die Hackfleischmischung darauf verteilen (das Lorbeerblatt entfernen), mit dem Käse bestreuen und mit reichlich Majoran würzen. Die Form auf dem Rost in den Backofen schieben.
Ober-/Unterhitze:
etwa 220 °C (vorgeheizt)
Heißluft: etwa 200 °C (nicht vorgeheizt)
Gas: etwa Stufe 4 (vorgeheizt)
Backzeit:
20–25 Minuten.

Tip:
Käse zum Überbacken entfaltet sein volles Aroma am besten, wenn er frisch am Stück gerieben oder gehobelt wird.

NUDEL- UND REIS-AUFLÄUFE UND -GRATINS

LASAGNE VERDE

300 g rohe Bratwurst
Salz
frisch gemahlener Pfeffer
gehacktes Basilikum
gehacktes Oregano
2 EL gehackte Petersilie
1 Zwiebel
2 enthäutete Tomaten
(etwa 100 g)
250 ml passierte
Tomaten (Packung)
50 g gekochter Schinken
Butter
250 g grüne Lasagne-
platten
3 EL geraspelter
Bel Paese-Käse
3 TL Speisestärke
etwas kaltes Wasser
125 ml (⅛ l) Fleisch-
brühe

125 ml (⅛ l) Schlag-
sahne
1–2 EL Crème fraîche
125 g gewürfelter
Mozzarella
Salz
frisch gemahlener Pfeffer
geriebene Muskatnuß
2 EL gehacktes
Basilikum

Die Bratwurst enthäuten, zerpflücken, in eine erhitzte Pfanne geben, unter Rühren anbraten und mit Salz und Pfeffer würzen. Basilikum, Oregano und Petersilie unterrühren. Die Zwiebel abziehen, fein würfeln, zum Fleisch geben. Die Tomaten halbieren, die Stengelansätze herausschneiden und das Fruchtfleisch würfeln, mit den passierten Tomaten zur Bratwurstmasse geben und gut durchdünsten. Den Schinken in Streifen schneiden, unter die Masse rühren. In eine gefettete Auflaufform die Lasagneplatten schichtweise mit der Fleischsauce und je 1 Eßlöffel Käse abwechselnd einschichten. Die letzte Schicht soll aus Lasagneplatten bestehen. Die Speisestärke mit der Fleischbrühe verrühren und unter Rühren aufkochen. Sahne, Crème fraîche und Mozzarella unterrühren, mit Salz, Pfeffer und Muskat abschmecken. Die Käsesauce über den Auflauf gießen. Die Form auf dem Rost in den Backofen schieben.
Ober-/Unterhitze:
etwa 200 °C (vorgeheizt)
Heißluft: etwa 180 °C
(nicht vorgeheizt)
Gas: Stufe 3–4
(vorgeheizt)
Backzeit: 40 Minuten.
Die Lasagne Verde anrichten und mit Basilikum bestreut servieren.

GEMÜSE-LASAGNE

2 Pck. (je 300 g) TK-Blattspinat
2 Zwiebeln
2 Knoblauchzehen
2 Pck. (je 500 g) Tomaten in Stückchen
Salz, Pfeffer
gerebelter Oregano
1 Aubergine (300 g)
200 g Mozzarella
etwa 250 g Lasagne-Nudeln
60 g Pinienkerne
100 g Parmesan
100 g geriebener Gouda

Den Spinat auftauen lassen. Die Zwiebeln und Knoblauchzehen abziehen. Die Zwiebeln würfeln, den Knoblauch durchpressen und mit der Tomatenmasse vermengen. Die Masse mit Salz, Pfeffer und Oregano würzen. Von der Aubergine den Stengelansatz abschneiden, waschen und längs in dünne Scheiben schneiden. Den Mozzarella in Scheiben schneiden, in eine rechteckige, gefettete Auflaufform etwas Tomatensauce geben, darauf Lasagne-Nudeln mit etwas Tomatensauce bedecken, Auberginen, Mozzarella und Blattsinat darauf verteilen, jeweils mit Salz und Pfeffer würzen, einige Pinienkerne und Parmesan darüberstreuen. Das Einschichten wiederholen, bis alle Zutaten verbraucht sind. Die oberste Schicht sollte aus Nudeln und etwas Tomatensauce bestehen. Die Lasagne mit dem Gouda bestreuen und die Form auf dem Rost in den Backofen schieben.
Ober-/Unterhitze: etwa 200 °C (vorgeheizt)
Heißluft: etwa 180 °C (nicht vorgeheizt)
Gas: etwa Stufe 4 (vorgeheizt)
Backzeit: 40–45 Minuten.

NUDEL- UND REIS-AUFLÄUFE UND -GRATINS

BUNTER NUDEL-AUFLAUF

(2–3 Portionen)

250 g Makkaroni
2 Zwiebeln
1 Knoblauchzehe
1 grüne Paprikaschote
1 Möhre
1 EL Butter
200 g Kochschinken
1 Becher (150 g) Crème fraîche
100 g geriebener Käse

Die Makkaroni in kochendes Salzwasser geben, zum Kochen bringen, etwa 8 Minuten kochen lassen. Die Nudeln auf ein Sieb geben, kalt abspülen, abtropfen lassen. Die Zwiebeln und den Knoblauch abziehen, würfeln. Die Paprikaschote halbieren, entstielen, entkernen. Die weißen Scheidewände entfernen, die Schote waschen, in Streifen schneiden. Die Möhre putzen, schälen, waschen, in Scheiben schneiden. Die Butter zerlassen die Zutaten etwa 6 Minuten darin dünsten. Den Kochschinken in Streifen schneiden, die Zutaten mit Crème fraîche vermengen, in eine gefettete Auflaufform geben, mit dem Käse bestreuen. Die Form auf dem Rost in den Backofen schieben.
Ober-/Unterhitze: 200–220 °C (vorgeheizt)
Heißluft: 180–200 °C (nicht vorgeheizt)
Gas: etwa Stufe 4 (vorgeheizt)
Backzeit: etwa 30 Minuten.

CANNELLONI-AUFLAUF

(ohne Foto)

600 g frischer Blattspinat
200 g geräucherter Schinkenspeck
2 Schalotten
2 Eigelb
100 g Crème double
100 g Sonnenblumenkerne
Salz
frisch gemahlener Pfeffer
2 Pck. Béchamelsauce (à 250 ml)
12–16 Cannelloni-Röhren
50 g frisch geriebener Parmesan
20 g Butter oder Margarine

Den Spinat verlesen, waschen und gut abtropfen lassen. Den Schinkenspeck in feine Streifen schneiden. Die Schalotten abziehen und fein hacken. Den Schinkenspeck in einem Topf auslassen. Die Schalotten hinzufügen und im Speckfett glasig dünsten. Den Spinat dazugeben und zusammenfallen lassen. Dabei darauf achten, daß möglichst viel Flüssigkeit verdampft. Eigelb mit der Crème double vermischen und unter den Spinat rühren. Die Sonnenblumenkerne hinzufügen und alles mit Salz und Pfeffer abschmecken, etwas abkühlen lassen. Die Béchamelsauce nach Packungsanleitung erwärmen. Die Spinatmasse in die Cannelloni-Röhren füllen. Eine feuerfeste Form ausfetten und die Hälfte der Béchamelsauce darin verteilen. Die gefüllten Cannelloni-Röhren hineinsetzen. Die restliche Béchamelsauce gleichmäßig darübergießen. Zuletzt mit dem Parmesan bestreuen und Butterflöckchen darauf setzen. Die Form auf dem Rost in den Backofen schieben.
Ober-/Unterhitze: etwa 200 °C (vorgeheizt)
Heißluft: etwa 180 °C (nicht vorgeheizt)
Gas: Stufe 3–4 (vorgeheizt)
Backzeit: etwa 30 Minuten.
Heiß servieren. Dazu paßt gemischter Blattsalat.

Tip:
Frischer Spinat läßt sich bis zu 2 Tage im Kühlschrank aufbewahren, wenn man ihn in ein feuchtes Tuch oder eine angefeuchtete Zeitung wickelt.

NUDEL-AUFLAUF MIT SAUERKRAUT

200 g gedrehte Vollkornnudeln
1 TL Speiseöl, Salzwasser
1 Zwiebel
1 EL Speiseöl
500 g Sauerkraut
125 ml (1/8 l) Wasser
1 TL Kümmel
Salz, Pfeffer
Zucker
150 g Gouda Käse
150 g saure Sahne
100 g magerer durchwachsener Speck
Selleriesalz

Die Nudeln mit dem Öl (1 TL) in dem Salzwasser etwa 5 Minuten kochen, abgießen und mit kaltem Wasser abschrecken. Die Zwiebel abziehen, würfeln und in dem erhitzten Öl (1 EL) andünsten. Das Sauerkraut locker zupfen, zugeben, andünsten, das Wasser hinzufügen und 10 Minuten dünsten. Den Kümmel zugeben und mit Salz und Pfeffer würzen. Die Hälfte des Käses würfeln. Die Hälfte der Nudeln in eine gefettete Auflaufform geben. Die Hälfte des Sauerkrauts darauf geben und mit den Käsewürfeln bestreuen. Die restlichen Nudeln mit dem Sauerkraut vermengen und darauf geben. Den restlichen Käse reiben, den Speck würfeln und mit der sauren Sahne vermengen. Die Masse mit Selleriesalz und Pfeffer abschmecken und über den Auflauf geben. Die Form auf dem Rost in den Backofen schieben.
Ober-/Unterhitze: etwa 200 °C (vorgeheizt)
Heißluft: etwa 180 °C (nicht vorgeheizt)
Gas: etwa Stufe 4 (vorgeheizt)
Backzeit: etwa 30 Minuten.

Tip:
Sauerkraut bekommt ein fruchtiges und sehr mildes Aroma, wenn man es mit ein wenig Apfelsaft gart.

FISCH- UND FLEISCH-AUFLÄUFE UND -GR

Für Fischaufläufe und -Gratins sollten helle, dickfleischige Fisch-Arten wie Schellfisch, Heilbutt, Lachs oder Dorsch verwendet werden. Tomaten, Zucchini, Erbsen, grüne Bohnen und Möhren sind empfehlenswerte Partner. Ein Fisch-Auflauf gart am liebsten in Weißwein und/oder Brühe. Er kann aber auch mit verquirlten Eiern, Sahne und Käse gebacken werden. Geeignet für Fleisch-Aufläufe sind besonders Schweinefleisch-Sorten wie Schnitzelfleisch, Kasseler, Filet aber auch Gehacktes vom Schwein, Rind und Lamm und Geflügel bieten sich an und natürlich Mett- und Blutwürste. Fleisch-Aufläufe gehören zu den gehaltvolleren und oft auch deftigeren Varianten im Reigen dieser kulinarischen Schlemmereien. Fast alle heimischen und exotischen Gemüse-Arten können beigefügt werden, ebenso Kartoffeln, Reis und Nudeln.

FISCH- UND FLEISCH-AUFLÄUFE UND -GR

FISCH-AUFLAUF

(Foto S. 88/89)

2 Kochbeutel (250 g) Langkornreis
1 ½ l Wasser
1 TL Salz
500 g Möhren
2 mittelgroße (etwa 500 g) Fenchelknollen
100 ml Wasser
750 g Kabeljaufilet
2 EL Zitronensaft
125 ml (⅛ l) trockener Weißwein
125 ml (⅛ l) Schlagsahne
Salz
frisch gemahlener Pfeffer
75 g geriebener Emmentaler Käse
Butter zum Fetten der Form

Den Reis nach Packungsanleitung in Salzwasser knapp gar kochen. Die Möhren putzen, waschen, schälen. Von den Fenchelknollen das Grün abschneiden, beiseite legen, die Knollen putzen, waschen. Das Gemüse in feine Stifte schneiden. Mit dem Wasser in einen Topf geben, abgedeckt 5 Minuten dünsten. Den Kabeljau unter fließendem kaltem Wasser abspülen, trockentupfen, in Stücke schneiden, mit dem Zitronensaft beträufeln. Eine Auflaufform fetten. Schichtweise Reis, Gemüse und Fischstücke hineingeben. Mit einer Schicht Reis abschließen. Wein und Sahne verquirlen, mit Salz und Pfeffer würzen und über den Auflauf gießen. Den Auflauf auf dem Rost in den kalten Backofen schieben.
Ober-/Unterhitze: etwa 200 °C
Heißluft: etwa 180 °C
Gas: Stufe 3–4
Backzeit: 30–35 Minuten.
Den Käse darüberstreuen und den Auflauf weitere 10 Minuten goldgelb backen. Vor dem Servieren mit dem feingehackten Fenchelgrün bestreuen.

PUTENBRUST-GRATIN

(2 Portionen)

250 g Putenbrust
1 Knoblauchzehe
1 TL Salz
frisch gemahlener Pfeffer
Kräuter der Provençe
Butter
1 kleine Dose (180 g) Artischockenherzen
2 enthäutete Tomaten (etwa 200 g)
2 EL Olivenöl
2 EL Zitronensaft
30 g geriebener Emmentaler Käse
2 EL gehacktes Basilikum

Die Putenbrust unter fließendem kaltem Wasser abspülen, trockentupfen. Die Knoblauchzehe abziehen, mit Salz zu einer Paste zerreiben. Die Putenbrust mit der Knoblauchpaste kräftig einreiben, in dünne Streifen schneiden, mit Pfeffer und Kräutern der Provençe würzen. Eine Auflaufform mit Butter ausfetten. Die Artischockenherzen gut abtropfen lassen. Die Tomaten halbieren, die Stengelansätze herausschneiden, die Tomaten in Scheiben schneiden. Das Fleisch mit den Artischockenherzen und den Tomaten schichtweise in die Auflaufform geben, dabei die Tomaten und Artischocken mit Salz und Pfeffer würzen. Das Olivenöl mit dem Zitronensaft darüberträufeln. Den geriebenen Emmentaler darüberstreuen. Die Form auf dem Rost in den Backofen schieben.
Ober-/Unterhitze: etwa 200 °C (vorgeheizt)
Heißluft: etwa 180 °C (nicht vorgeheizt)
Gas: etwa Stufe 4 (vorgeheizt)
Backzeit: etwa 25 Minuten.
Das Putenbrust-Gratin mit dem Basilikum bestreut servieren.
Beilage: Kräuterkartoffeln, Salat.

RÄUCHERFISCH-AUFLAUF

200 g Schillerlocken
200 g Räucheraal (Filet)
200 g geräucherter Steinbutt
1 rote Paprikaschote
1 grüne Paprikaschote
1 Zwiebel, 2 EL Speiseöl
Pfeffer, Salz
300 g Broccoli
1 Bund gehackter Dill
400 ml (2 Becher) Schlagsahne, 2 Eier
40 g Butterflöckchen
80 geriebener mittelalter Gouda

Den Fisch in mundgerechte Stücke schneiden. Die Paprikaschoten entkernen, die weißen Scheidewände entfernen, in Würfel schneiden. Die Zwiebel abziehen, fein würfeln. Paprika- und Zwiebelwürfel in Speiseöl leicht anbraten, mit Pfeffer und Salz würzen. Den Broccoli putzen, waschen, die Röschen abschneiden, in kochendem Salzwasser 4–5 Minuten blanchieren. Den Broccoli auf ein Sieb geben, abtropfen lassen, mit den Fischstückchen, Paprika- und Zwiebelwürfeln und dem gehackten Dill mischen und in eine gebutterte Auflaufform füllen. Die Sahne mit Pfeffer und Eiern verquirlen und über die Fisch-Gemüse-Füllung gießen. Die Butterflöckchen mit dem geriebenen Gouda darübergeben. Die Form auf dem Rost in den kalten Backofen schieben.

Ober-/Unterhitze: 180–200 °C
Heißluft: 160–180 °C
Gas: Stufe 3–4
Backzeit: 30–40 Minuten.

FISCH- UND FLEISCH-AUFLÄUFE UND -GR

SEELACHS-GEMÜSE-AUFLAUF

2 Fleischtomaten
2 kleine Zucchini
1 Zwiebel
1 Fenchelknolle
300 g Broccoli
750 ml (¾ l) Gemüsebrühe
500 g Seelachsfilet
Salz
Pfeffer
1 abgezogene gehackte Knoblauchzehe
250 g Mozzarella
1–2 EL gehackte Petersilie

Die Tomaten waschen, oben kreuzweise einschneiden, kurz in kochendes Wasser legen, kalt abschrecken, enthäuten, den Stengelansatz herausschneiden und in Spalten schneiden. Die Zucchini waschen, den Stengelansatz abschneiden und in Scheiben schneiden. Die Zwiebel abziehen und in Ringe schneiden. Den Fenchel putzen, waschen, halbieren und in Scheiben schneiden. Den Broccoli in Röschen teilen, die Stengel schälen, evtl. in Stücke schneiden und waschen. Die Gemüsebrühe erhitzen und das Gemüse 5–7 Minuten darin knackig garen. Mit einer Schaumkelle herausnehmen und in eine gefettete Auflaufform geben. Das Seelachsfilet kalt abspülen, in mundgerechte Stücke schneiden, 5–7 Minuten in der Gemüsebrühe ziehen lassen, mit einer Schaumkelle herausnehmen und auf dem Gemüse verteilen. Die Zutaten mit Salz und Pfeffer würzen, den Knoblauch darüber verteilen und mit dem in Scheiben geschnittenen Mozzarella belegen. Die Form auf dem Rost in den Backofen schieben.
Ober-/Unterhitze: etwa 220 °C (vorgeheizt)
Heißluft: etwa 200 °C (nicht vorgeheizt)
Gas: Stufe 4–5 (vorgeheizt)
Backzeit: 10–15 Minuten.

BIRNEN-SPECK-AUFLAUF

500 g gedünstete Birnenhälften
75 g Schinkenspeck-Scheiben
250 ml (¼ l) Schlagsahne
3 Eigelb
Salz
1 schwach gehäufter TL Zucker
3 Eiweiß
3 Scheiben Weißbrot (60 g)

Die Birnenhälften abtropfen lassen, in eine gefettete flache Auflaufform geben, mit den Schinkenspeck-Scheiben belegen. Die Sahne mit dem Eigelb, Salz und Zucker verrühren. Das Eiweiß steif schlagen, unterziehen. Das Weißbrot halbieren, mit der Sahnemasse bestreichen. Die übrige Sahnemasse auf die Birnen geben, mit den Weißbrotscheiben belegen. Die Auflaufform auf dem Rost in den Backofen schieben.
Ober-/Unterhitze: etwa 200 °C (vorgeheizt)
Heißluft: etwa 180 °C (nicht vorgeheizt)
Gas: etwa Stufe 4 (vorgeheizt)
Backzeit: etwa 35 Minuten.

Tip: Wenn es einmal schnell gehen soll, können anstatt der gedünsteten Birnenhälften auch Birnen aus der Dose (Glas) verwendet werden.

FISCH- UND FLEISCH-AUFLÄUFE UND -GR

AUBERGINEN-HACKFLEISCH-GRATIN

(2 Portionen)

250 g Auberginen, vorbereitet
1 EL Speiseöl
½ TL Thymian, gerebelt
Paprika edelsüß
frisch gemahlener Pfeffer
1 gestr. TL Margarine (für die Form)
1 Zwiebel
1 gestr. TL Margarine
150 g mageres Hackfleisch (vom Rind)
½ TL Thymian, gerebelt
2 EL gehackte Petersilie
1 Knoblauchzehe
250 g Fleischtomaten, vorbereitet
Salz
60 g Mozzarella

Die Auberginen waschen, trockentupfen, der Länge nach in ½ cm dicke Scheiben schneiden. Das Öl in einer Pfanne erhitzen. Die Auberginenscheiben von beiden Seiten darin braten. Mit Thymian, Paprika und Pfeffer würzen. Eine feuerfeste, flache Form einfetten. Die Auberginenscheiben hineinlegen. Die Zwiebel abziehen, halbieren, in feine Würfel schneiden, in der erhitzten Margarine goldgelb dünsten. Das Hackfleisch hinzufügen, kräftig anbraten. Mit Thymian, Paprika und Pfeffer würzen. Die Knoblauchzehe abziehen, durch die Knoblauchpresse drücken oder in Scheiben schneiden, mit wenig Salz bestreuen, mit der Messerklinge fein zerdrücken. Petersilie und Knoblauch unter das Fleisch rühren. Die Tomaten an der Oberseite einritzen, kurze Zeit in kochendes Wasser legen (nicht kochen lassen), in kaltem Wasser abschrecken, enthäuten. Die Tomaten in kleine Würfel schneiden, dabei die Stengelansätze herausschneiden. Die Tomatenwürfel mit dem Hackfleisch vermengen, mit etwas Salz abschmecken. Die Hackfleisch-Sauce über den Auberginenscheiben verteilen. Den Käse in Scheiben darauflegen. Die Form auf dem Rost in den Backofen schieben.
Ober-/Unterhitze: etwa 200 °C (vorgeheizt)
Heißluft: etwa 180 °C (nicht vorgeheizt)
Gas: etwa Stufe 4 (vorgeheizt)
Garzeit: etwa 20 Minuten.
Den Backofen ausschalten, weitere 10 Minuten nachgaren.

Beilage: Butternudeln oder Kräuterreis.

METT-GRATIN

750 g gekochte Pellkartoffeln
Salz
frisch gemahlener Pfeffer
400 g Mett
800 g Tomaten
375 ml (⅜ l) Gemüsebrühe
4 EL geriebener Käse
1 EL gehackte Petersilie

Die Kartoffeln pellen, in Scheiben schneiden und eine flache Auflaufform damit auslegen. Mit Salz und Pfeffer würzen. Das Mett zerpflücken und über den Kartoffelscheiben verteilen. Die Tomaten waschen, die Stengelansätze herausschneiden und in Scheiben schneiden. Die Tomatenscheiben auf dem Auflauf verteilen, mit Salz und Pfeffer würzen, die Gemüsebrühe darübergießen und mit dem Käse bestreuen. Die Form auf dem Rost in den Backofen schieben.
Ober-/Unterhitze: 200–220 °C (vorgeheizt)
Heißluft: 180–200°C (nicht vorgeheizt)
Gas: Stufe 4–5 (vorgeheizt)
Backzeit: etwa 40 Minuten.
Den Auflauf vor dem Servieren mit der Petersilie bestreuen.

FISCH- UND FLEISCH-AUFLÄUFE UND -GR

THUNFISCH-AUFLAUF

250 g Spaghetti
2 Dosen Thunfisch
(je 150 g, naturell)
3 TL Sardellenpaste
1–2 TL mittelscharfer Senf
1–2 TL Worcestersauce
2 EL weiche Butter
4 Eier
250 ml (¼ l) Schlagsahne, Salz
geriebene Muskatnuß
Paprika edelsüß
einige Spritzer Tabasco
gehackter Oregano

Die Spaghetti in kochendem Salzwasser nach Packungsanleitung knapp gar kochen, abgießen, kalt abschrecken und abtropfen lassen. Den Thunfisch abtropfen lassen, mit einer Gabel zerpflücken, mit der Sardellenpaste, Senf, Worcestersauce, Butter, Eiern und der Schlagsahne verrühren. Die Masse mit Salz, Muskatnuß, Paprika, Tabasco und Oregano würzen und gut durchrühren. Die heißen Spaghetti in eine gefettete Auflaufform geben. Die Thunfischmasse darüber verteilen. Die Form auf dem Rost in den Backofen schieben.
Ober-/Unterhitze: 200–220 °C (vorgeheizt)
Heißluft: 180–200 °C (nicht vorgeheizt)
Gas: etwa Stufe 4 (vorgeheizt)
Backzeit: 35 Minuten.

Tip:
Anstelle der Spaghetti können auch andere Nudeln verwendet werden, z.B. Makkaroni oder Rigatoni.

HACKFLEISCH-TOMATEN-AUFLAUF

1 Zwiebel
1 Knoblauchzehe
2 EL erhitztes Speiseöl
500 g Rindergehacktes
Salz, Pfeffer
1 Bund gehackter Oregano
300 g gekochter Langkornreis
1 Bund feingehackte Petersilie
1 kg Fleischtomaten
10 g Butter
30 g Semmelbrösel
2 EL Pesto (Glas)
30 g Butterflöckchen

Die Zwiebel und Knoblauchzehe abziehen, fein würfeln, in dem Speiseöl andünsten. Das Gehackte hinzufügen, unter ständigem Rühren anbraten. Dabei die Fleischklümpchen mit einer Gabel zerdrücken. Das Gehackte mit Salz, Pfeffer und Oregano würzen. Den Reis mit der Petersilie vermengen. Die Tomaten waschen, die Stengelansätze entfernen, die Tomaten in Scheiben schneiden (evtl. enthäuten). Eine flache Auflaufform mit Butter ausfetten, abwechselnd Hackfleisch, Reis und Tomatenscheiben einschichten. Dabei die Tomatenscheiben mit Salz und Pfeffer bestreuen. Die oberste Schicht sollte aus Tomaten bestehen. Die Semmelbrösel mit Pesto verrühren, darüberstreichen. Die Butterflöckchen darauf verteilen. Die Form auf dem Rost in den Backofen schieben.

Ober-/Unterhitze:
180–200 °C (vorgeheizt)
Heißluft: 160–180 °C
(nicht vorgeheizt)
Gas: Stufe 3–4
(vorgeheizt)
Backzeit:
etwa 35 Minuten.

FISCH- UND FLEISCH-AUFLÄUFE UND -GR

GEMÜSE-AUFLAUF MIT MEERESFRÜCHTEN

(Foto links)

750 g TK-Gemüsemischung (Lauch, Erbsen, Möhren, Blumenkohl)
1 l Gemüsebrühe
125 g Krabben
3–4 Riesengarnelen (mit Schale)
Saft von ½ Zitrone
200 ml Schlagsahne
2 Eier
Salz
frisch gemahlener Pfeffer
2 EL gehackte Kräuter
250 g Mozzarella

Die Gemüsemischung in der Gemüsebrühe knapp gar kochen. Die Krabben und Riesengarnelen kalt abspülen und mit dem Zitronensaft beträufeln. Die Riesengarnelen halbieren. Das Gemüse und die Meeresfrüchte in eine gefettete Auflaufform geben. Die Sahne mit den Eiern verschlagen, mit Salz, Pfeffer und Kräutern gut vermischen und dann über das Gemüse geben. Die Form auf dem Rost in den Backofen schieben. Nach 30–35 Minuten Backzeit den in Scheiben geschnittenen Mozzarella auf den Gemüseauflauf legen und zu Ende backen.
Ober-/Unterhitze: etwa 200 °C (vorgeheizt)
Heißluft: etwa 180 °C (nicht vorgeheizt)
Gas: Stufe 3–4 (vorgeheizt)
Backzeit: 35–45 Minuten.

HACK-AUFLAUF MIT KIDNEYBOHNEN

500 g Gehacktes (halb Rind-, halb Schweinefleisch)
1 EL Speiseöl
1 kleine Gemüsezwiebel
2 Knoblauchzehen
1 Dose geschälte Tomaten (800 g Einwaage)
1 kleine Dose (70 g) Tomatenmark
1 Zweig Rosmarin
1 TL Oregano
1 Glas Kidneybohnen (Abtropfgewicht 240 g)
Salz
Pfeffer
Chilipulver
600 g mehligkochende Kartoffeln
etwa 175 ml heiße Milch
50 g Butter
geriebene Muskatnuß
1 TL Paprika edelsüß
je 1 kleine rote und grüne Paprikaschote
1–2 EL Speiseöl
2 Eier
50 g geriebener Emmentaler Käse

Das Hackfleisch in dem erhitzen Öl krümelig braten. Die Zwiebel und die Knoblauchzehen abziehen, fein würfeln und zugeben und kurz mitdünsten. Die geschälten Tomaten, Tomatenmark, gehackte Rosmarinnadeln und Oregano zugeben und 5 Minuten dünsten. Die abgetropften Kidneybohnen hinzufügen, kräftig mit Salz, Pfeffer und Chilipulver würzen und weitere 5 Minuten dünsten. Die Kartoffeln schälen, waschen, kleinschneiden und in Salzwasser 15–20 Minuten gar kochen. Die Kartoffeln abgießen, mit einem Kartoffelstampfer zerdrücken und die heiße Milch und Butter mit einem Kochlöffel unterrühren. Den Kartoffelbrei mit Salz, Muskat und Paprika abschmecken. Die Paprikaschoten halbieren, entstielen, entkernen, die weißen Scheidewände entfernen, waschen und in Streifen schneiden. Den Paprika in heißem Öl etwa 3 Minuten dünsten. Die Eier trennen und das Eigelb unter das Püree rühren. Das Eiweiß steif schlagen und zusammen mit den Paprikastreifen unter das Püree heben. Die Hackfleischmasse in eine flache Auflaufform füllen und das Püree gleichmäßig darauf verteilen. Den geriebenen Käse darüberstreuen. Die Form auf dem Rost in den Backofen schieben.
Ober-/Unterhitze: etwa 200 °C (vorgeheizt)
Heißluft: etwa 180°C (nicht vorgeheizt)
Gas: Stufe 3–4 (vorgeheizt)
Backzeit: 25–30 Minuten.

FISCH- UND FLEISCH-AUFLÄUFE UND -GR

SPIRALNUDELN MIT HÄHNCHENBRUST

300 g Spiralnudeln
300 g Hähnchenbrustfilet
200 g TK-Riesengarnelen
1 Bund Frühlingszwiebeln
2 EL Butter
3 Knoblauchzehen
1 Pck. passierte Tomaten (500 g)
Salz
frisch gemahlener Pfeffer
2 Stengel Basilikum
125 g Mozzarella
75 g geriebener Parmesan

Die Spiralnudeln in reichlich, leicht gesalzenem Wasser nach Packungsanleitung garen, abgießen und abtropfen lassen. Das Hähnchenbrustfilet unter fließendem kaltem Wasser abspülen, trockentupfen, in Streifen schneiden. Die Riesengarnelen auftauen lassen, am Rücken längs einschneiden, den Darm entfernen, unter fließendem kaltem Wasser abspülen und trockentupfen. Die Frühlingszwiebeln putzen, waschen, in 1 cm breite Stücke schneiden. Die Butter erhitzen, darin die Hähnchenbruststreifen, die Riesengarnelen und Frühlingszwiebeln anbraten. Die Knoblauchzehen abziehen, fein würfeln, ebenfalls anbraten. Die passierten Tomaten hinzugeben und mit Salz und Pfeffer würzen. Das Basilikum abspülen, trockentupfen, die Blättchen von den Stengeln zupfen, kleinschneiden und in den Topf geben. Die Nudeln mit der Sauce mischen und alles in eine Gratinform geben. Den Mozzarella kleinschneiden, auf das Gratin legen und mit Parmean bestreuen. Die Form unter den vorgeheizten Grill schieben.
Grillzeit:
etwa 5–10 Minuten.

BROT-AUFLAUF

3 Brötchen
4–6 EL Kräuterbutter
250 g kleine Champignons
etwa 80 g Salami
etwa 125 g Schinken
2 Zwiebeln
1–2 EL Speiseöl
Salz
Pfeffer
3–4 EL gehackte Kräuter (Petersilie, Thymian, Majoran), 3 Eier
1 Packung (200 g) Frühlings-Quark

Die Brötchen in Würfel schneiden. Die Kräuterbutter zerlassen, die Brötchenwürfel darin goldbraun braten. Die Champignons putzen, waschen, abtropfen lassen, größere Pilze evtl. halbieren. Die Salami und den Schinken in Würfel schneiden. Die Zwiebeln abziehen, fein würfeln. Das Speiseöl erhitzen, die Zwiebelwürfel darin glasig dünsten lassen.

Die Salami-, Schinkenwürfel und Champignons hinzufügen, mitdünsten lassen, mit Salz und Pfeffer würzen. Die Brötchenwürfel (einige zurücklassen) und die gehackten Kräuter unterrühren, in eine gefettete, feuerfeste Form geben. Die Eier verschlagen, mit einem Schneebesen unter den Frühlings-Quark heben, über die eingefüllte Masse geben. Die zurückgelassenen Brötchenwürfel darüberstreuen. Die Form auf dem Rost in den Backofen schieben.
Ober-/Unterhitze:
200–220 °C (vorgeheizt)
Heißluft: 180–200 °C (nicht vorgeheizt)
Gas: Stufe 4–5 (vorgeheizt)
Backzeit:
etwa 30 Minuten.
Beilage:
Gemischter Salat.

FISCH- UND FLEISCH-AUFLÄUFE UND -GR

SARDISCHE FISCH-MAKKARONI

250 g Makkaroni
2 ½ l kochendes Salzwasser
1 EL Speiseöl
400 g Fischfilet, z.B. Seelachs, Kabeljau
Zitronensaft oder Essig
Salz
125 ml (⅛ l) Fleischbrühe
125 ml (⅛ l) Weißwein
200 g pikanter Gouda
1 Stange Porree (Lauch)
2 Fenchelknollen
5 Tomaten
40 g Butter
200 ml Schlagsahne
Pfeffer
Butterflöckchen

Die Makkaroni in fingerlange Stücke brechen und in kochendes Salzwasser geben. Speiseöl hinzufügen. Die Nudeln nach Packungsaufschrift garen, zwischendurch probieren. Wenn die Nudeln gar sind, den Garvorgang mit einem Schuß kaltem Wasser beenden. Die Nudeln auf ein Sieb geben und abtropfen lassen. Das Fischfilet unter fließendem kaltem Wasser abspülen, trockentupfen, mit Zitronensaft oder Essig beträufeln, etwa 30 Minuten stehen lassen, trockentupfen und mit Salz bestreuen. Die Fleischbrühe mit Weißwein zum Kochen bringen, den Fisch hineingeben und darin etwa 5 Minuten ziehen lassen. Die Nudeln in eine gefettete Auflaufform schichten und darauf die Fischstücke verteilen. Den Gouda reiben und ⅓ davon auf den Fisch geben. Den Porree putzen, in Ringe schneiden und waschen. Die Fenchelknollen putzen, waschen und in kleine Stücke schneiden. Die Tomaten kurze Zeit in kochendes Wasser legen (nicht kochen lassen), in kaltem Wasser abschrecken, enthäuten, vierteln und die Stengelansätze herausschneiden. Die Butter zerlassen, den Fenchel darin etwa 10 Minuten dünsten. Nach 7 Minuten den Porree zugeben und mitdünsten. Die Tomaten hinzufügen und kurze Zeit miterhitzen. Die Schlagsahne unterrühren, das Gemüse mit Salz, Pfeffer abschmecken und auf den Fisch geben. Mit dem restlichen Käse bestreuen. Butterflöckchen darauf setzen und die Form auf dem Rost in den Backofen schieben.
Ober-/Unterhitze: etwa 200 °C (vorgeheizt)
Heißluft: etwa 180 °C (nicht vorgeheizt)
Gas: etwa Stufe 4 (vorgeheizt)
Backzeit: etwa 30 Minuten.

COUSCOUS-AUFLAUF

250 g Couscous-Grieß
500 ml (½ l) kochende Hühnerbrühe
1 kg Blattspinat, Salz
400 g Hähnchenfilet
60 g Butter
1 EL Sojasauce
4 EL Tomatenmark
Pfeffer
250 g Schlagsahne
Butter oder Margarine

Den Couscous mit der Hälfte der Brühe übergießen, in etwa 10 Minuten ausquellen lassen. Den Spinat verlesen, gründlich waschen und in kochendem Salzwasser 2–3 Minuten blanchieren. Den Spinat herausnehmen und gut abtropfen lassen. Das Fleisch abspülen, trockentupfen, in kleine Würfel schneiden. 20 g Butter zerlassen und das Fleisch darin anbraten. Die Sojasauce und Tomatenmark unterrühren, mit Pfeffer würzen. Mit der restlichen Brühe und der Sahne ablöschen, etwa 3 Minuten schmoren lassen, evtl. mit Salz abschmecken. Die Zutaten in eine gefettete Auflaufform in folgender Reihenfolge einschichten: Grieß, Spinat, Fleisch mit Sauce. So fortfahren, bis alle Zutaten eingeschichtet sind. Den Abschluß bildet eine Schicht Grieß. Die Butterflöckchen darübergeben. Den Auflauf auf dem Rost in den Backofen schieben.
Ober-/Unterhitze: etwa 200 °C (vorgeheizt)
Heißluft: etwa 180 °C (nicht vorgeheizt)
Gas: etwa Stufe 4 (vorgeheizt)
Backzeit: 40 Minuten.

FISCH- UND FLEISCH-AUFLÄUFE UND -GR

BAYERISCHER KNÖDEL-WURST-AUFLAUF

1 Pck. (6 Stück) Semmelknödel
250 g Champignons
1 Zwiebel
4 EL Butter oder Margarine
2 EL Weizenmehl
500 ml (½ l) Instant-Fleischbrühe
Salz
Pfeffer
1 EL Crème fraîche
1 Pck. TK gemischte Kräuter
1 Fleischwurst (etwa 400 g)
100 g geriebener Gouda Käse

Die Semmelknödel nach Packungsanleitung zubereiten. Die Champignons putzen, mit Küchenpapier abreiben, evtl. waschen und in Scheiben schneiden. Die Zwiebel abziehen und würfeln. Die Hälfte der Butter oder Margarine erhitzen, die Zwiebelwürfel andünsten, die Champignons zugeben, kurz mitdünsten. Das Mehl darüberstäuben, gut durchrühren und mit der Brühe ablöschen. Mit einem Schneebesen gut durchschlagen und mit Salz und Pfeffer würzen, 2 Minuten kochen lassen. Crème fraîche und Kräuter unterrühren. Die Semmelknödel in Scheiben schneiden und die Hälfte in eine gefettete Auflaufform legen. Von der Fleischwurst die Pelle abziehen, längs halbieren und die Wursthälften auf die Knödelscheiben legen. Mit den restlichen Knödelscheiben schuppenförmig bedecken, die Pilzsauce darüber verteilen, den Käse darüberstreuen und die Form auf dem Rost in den Backofen schieben.

Ober-/Unterhitze: etwa 200 °C (vorgeheizt)
Heißluft: etwa 180°C (nicht vorgeheizt)
Gas: Stufe 3–4 (vorgeheizt)
Backzeit: etwa 30 Minuten.
Beigabe: Weißkohlsalat.

Tip:
Knödel sollten im offenen Topf gar ziehen, nicht kochen lassen. Das Wasser darf sich nur leicht bewegen.

ROULADEN-GRATIN

6 Scheiben Frühstücksspeck
2–3 Rouladen
150 g Speisequark
2 EL Kräuterfrischkäse
3 Eigelb
Salz
frisch gemahlener Pfeffer
3 Eiweiß

Eine flache Auflaufform mit dem Speck auslegen. Die Rouladen in dünne Streifen schneiden, auf den Speck geben. Den Quark mit Kräuterfrischkäse, Eigelb, Salz und Pfeffer cremig rühren. Das Eiweiß steif schlagen, unter die Quarkmasse ziehen, auf die Rouladen streichen, in den Backofen schieben.
Ober-/Unterhitze: etwa 220 °C (vorgeheizt)
Heißluft: etwa 200 °C (ncht vorgeheizt)
Gas: Stufe: 4–5 (vorgeheizt)
Backzeit: etwa 25 Minuten.
Beigabe: Butter-Nudeln, grüner Salat.

105

KABELJAU-ROTE-BETE-GRATIN

**600 g Rote Bete
1 Knollensellerie (600 g)
250 ml (¼ l) Gemüsebrühe
600 g Kabeljaufilet
Salz, Pfeffer
abgeriebene Schale
und Saft 1 Zitrone
(unbehandelt)
1 Limone
250 g Speisequark (40%)
4 TL geriebener Meerrettich (Glas)
1 Prise Zucker
2 Eiweiß, 50 g gehackte
Walnußkerne**

Die Rote Bete abbürsten, in kochendes Salzwasser geben und in etwa 45 Minuten gar kochen, mit kaltem Wasser übergießen und die Haut abziehen. Die Rote Bete in Stifte schneiden. Den Sellerie schälen, waschen, in Stifte schneiden und in der Gemüsebrühe etwa 10 Minuten dünsten. Das Fischfilet kalt abspülen, trockentupfen, mit Salz, Pfeffer und 1–2 Eßlöffel Zitronensaft würzen. Die Rote Bete in eine gefettete Auflaufform geben. Den Sellerie mit Brühe darüber verteilen, mit Salz Pfeffer und Zitronenschale würzen. Die Limone heiß abwaschen und in Scheiben schneiden. Das Fischfilet mit den Limonenscheiben schuppenförmig auf das Gemüse legen. Den Quark mit dem Meerrettich verrühren und mit Salz, Pfeffer, Zucker und dem restlichen Zitronensaft würzen. Das Eiweiß steif schlagen und unterheben. Die Quarkmasse auf dem Fisch verteilen, mit den Walnußkernen bestreuen und die Form auf dem Rost in den Backofen schieben.
Ober-/Unterhitze: etwa 200 °C (vorgheizt)
Heißluft: etwa 180 °C (nicht vorgeheizt)
Gas: Stufe 3–4 (vorgeheizt)
Backzeit: 30–40 Minuten.

ZIEGENKÄSE-GRATIN

6 kleine Ziegenfrischkäse (230 g)
500 g reife Birnen
1 EL Zitronensaft
½ Bund Thymian
schwarzer und rosa Pfeffer
130 g Frühstücksspeck in Scheiben

Den Ziegenkäse waagerecht halbieren. Die Birnen schälen, halbieren, entkernen, in Spalten schneiden und mit dem Zitronensaft beträufeln. Den Käse und die Birnen in eine gefettete Gratinform schichten. Den Thymian abspülen, die Blättchen von den Stengeln zupfen und mit dem grob gemahlenen Pfeffer über die Zutaten streuen. Die Speckscheiben halbieren und darauflegen. Die Form auf dem Rost in den Backofen schieben.
Ober-/Unterhitze: etwa 220 °C (vorgeheizt)
Heißluft: etwa 200°C (nicht vorgeheizt)
Gas: etwa Stufe 4 (vorgeheizt)
Backzeit: 20–25 Minuten.
Beigabe: warmes Fladenbrot und Blattsalat

Tip:
Das Ziegenkäse-Gratin kann auch mit Birnen (aus der Dose oder Glas) zubereitet werden, wenn nur harte Birnen erhältlich sind.

FISCH- UND FLEISCH-AUFLÄUFE UND -GR

FISCH-AUFLAUF MIT TOMATEN UND KÄSE

2 Scheiben Seelachsfilet (je etwa 200 g)
2 EL Zitronensaft
1 TL Worcestersauce
Salz
frisch gemahlener Pfeffer
4 Zwiebeln
150 g frische Champignons
250 g Zucchini
4 enthäutete Tomaten (etwa 250 g)
4 EL Speiseöl
125 ml (1/8 l) Tomatensaft
125 ml (1/8 l) Schlagsahne
2 EL Pernod (Anisschnaps)
2 Eier
gehackter Oregano
gehacktes Basilikum
125 g Mozzarella
2 EL gehackte Petersilie

Das Seelachsfilet unter fließendem kaltem Wasser abspülen, trockentupfen, in mundgerechte Stücke schneiden, mit Zitronensaft und Worcestersauce beträufeln, mit Salz und Pfeffer bestreuen. Die Zwiebeln abziehen und in Scheiben schneiden. Die Champignons putzen, mit Küchenpapier abreiben, in Scheiben schneiden. Die Zucchini waschen, die Enden abschneiden, die Zucchini längs halbieren, in Scheiben schneiden. Von den Tomaten die Stengelansätze herausschneiden und die Tomaten in Scheiben schneiden.

Das Speiseöl erhitzen, die Zwiebel-, Zucchini- und Champignonscheiben darin anbraten, mit Salz und Pfeffer bestreuen, zusammen mit dem Fisch und den Tomatenscheiben in eine gefettete Auflaufform geben. Tomatensaft, Schlagsahne und Pernod (Anisschnaps) mit den Eiern verrühren, mit Salz, Pfeffer, gehacktem Oregano und gehacktem Basilikum würzen, über die Zutaten gießen. Den Mozzarella in Scheiben schneiden, auf den Fischauflauf legen den Auflauf auf dem Rost in den kalten Backofen schieben.
Ober-/Unterhitze: 180–200 °C
Heißluft: 160–180 °C
Gas Stufe: 3–4
Backzeit: etwa 40 Minuten.
Den garen Auflauf mit gehackter Petersilie bestreuen.

FISCH-AUFLAUF MIT DILL-SAUCE

(ohne Foto)

750 g Kartoffeln
500 g Möhren
Salzwasser
1 EL Butter
Salz, Pfeffer
2 TL Zucker, 5 EL Wasser
750 g Fisch (z.B. Rotbarsch oder Lengfisch)
2 EL Zitronensaft

Für die Dill-Sauce:
60 g Butter
2 EL Mehl
500 ml (1/2 l) Milch
5 EL Zitronensaft
4 Bund Dill, 4 Eier
100 g geriebener, mittelalter Gouda Käse
300 g TK-Perlerbsen

Die Kartoffeln schälen, waschen und in dünne Scheiben schneiden. Die Möhren putzen, schälen, waschen und in dünne Scheiben schneiden, in kochendes Salzwasser geben, zum Kochen bringen, etwa 5 Minuten kochen, abtropfen lassen und in eine gefettete Auflaufform geben. Die Butter zerlassen, die Möhrenscheiben darin andünsten, mit Salz, Pfeffer und Zucker abschmecken. Das Wasser (5 EL) hinzugießen, im geschlossenen Topf etwa 10 Minuten dünsten und die Möhren über die Kartoffeln verteilen. Den Fisch unter fließendem kaltem Wasser abspülen, trockentupfen, evtl. der Länge nach halbieren, entgräten, mit Zitronensaft (2 EL) beträufeln, etwa 10 Minuten stehen lassen, trockentupfen und mit Salz bestreuen. Für die Dill-Sauce die Butter zerlassen, das Mehl darin hellgelb dünsten lassen. Die Milch hinzugießen, mit einem Schneebesen durchschlagen, darauf achten, daß keine Klümpchen entstehen. Die Sauce zum Kochen bringen, bei milder Hitze etwa 5 Minuten kochen lassen und mit Salz, Pfeffer und Zitronensaft abschmecken, etwas abkühlen lassen. Den Dill vorsichtig abspülen und fein schneiden. Den Dill, die Eier und den Käse nacheinander unter die Sauce geben. Die Hälfte der Sauce über das Gemüse geben. Die Erbsen darauf verteilen, den Fisch auf die Erbsen legen und mit der restlichen Sauce übergießen. Die Form auf dem Rost in den Backofen schieben.
Ober-/Unterhitze: etwa 30 Minuten bei 180–200 °C, dann etwa 20 Minuten bei 220 °C
Heißluft: etwa 30 Minuten bei 160–180 °C, dann etwa 20 Minuten bei 200 °C
Gas: etwa 30 Minuten auf Stufe 2–3, dann etwa 20 Minuten auf Stufe 4.

FISCH- UND FLEISCH-AUFLÄUFE UND -GR

GRATIN MIT MEERESFRÜCHTEN

1 Pck. (450 g) gemischte TK-Meeresfrüchte
2 EL Olivenöl
2 abgezogene Knoblauchzehen
2 Tomaten
1 kg mehlig-kochende Kartoffeln
200 ml Schlagsahne
200 ml Milch
6 EL Soja-Sauce
geriebene Muskatnuß
frisch gemahlener Pfeffer
4 Zweige Oregano
12 entsteinte grüne Oliven
Salz
50 g geriebener Käse

Die Meeresfrüchte auftauen lassen und im erhitzen Olivenöl mit dem durchgepreßten Knoblauch andünsten. Die Tomaten waschen, die Stengelansätze herausschneiden und in Scheiben schneiden. Die Kartoffeln schälen, waschen und in dünne Scheiben hobeln. Die Sahne mit der Milch und der Soja-Sauce verrühren und mit Muskat und Pfeffer würzen. Den Oregano waschen, die Blättchen von den Stengeln zupfen. Die Oliven in Scheiben schneiden. Die Hälfte der Kartoffelscheiben in eine gefettete Gratinform geben und mit Salz und Pfeffer würzen. Die Tomatenscheiben und die Meeresfrüchte darauf geben, mit den Oreganoblättchen und Olivenscheiben bestreuen. Die restlichen Kartoffelscheiben darauf verteilen und mit Salz und Pfeffer würzen. Die Sahne-Milch-Mischung darüber verteilen und mit dem Käse bestreuen. Die Form auf dem Rost in den Backofen schieben.

Ober-/Unterhitze: etwa 200 °C (vorgeheizt)
Heißluft: etwa 180 °C (nicht vorgeheizt)
Gas: Stufe 3–4 (vorgeheizt)
Backzeit: etwa 60 Minuten.
Sollte das Gratin zu stark bräunen, es nach 2/3 der Backzeit mit Alufolie abdecken.

MOUSSAKA

750 g Auberginen
Saft von 1 Zitrone
Olivenöl
375 g Rinder- oder Lammgehacktes
375 g Zwiebeln
2 Knoblauchzehen
1 EL gerebelter Oregano
1 TL gemahlener Zimt
70 g Tomatenmark
125–250 ml (1/8–1/4 l) Fleischbrühe
Salz
Pfeffer
500 g Joghurt
100 g geriebener Käse
2 Eigelb
2 Eiweiß

Die Auberginen waschen, abtrocknen, die Stengelansätze entfernen, in etwa 1/2 cm dicke Scheiben schneiden und mit dem Zitronensaft beträufeln. Das Olivenöl erhitzen, die Auberginenscheiben nacheinander darin anbraten, herausnehmen und auf Küchenpapier abtropfen lassen. 2 Eßlöffel Olivenöl in einer Pfanne erhitzen und das Hackfleisch unter Rühren darin krümelig braten. Die Zwiebeln und Knoblauchzehen abziehen, würfeln, zu dem Fleisch geben, einige Minuten mitdünsten. Oregano, Zimt, Tomatenmark und Brühe unterrühren und mit Salz und Pfeffer kräftig würzen. Die Hälfte der Auberginenscheiben in die gefettete Auflaufform geben, die Hack-Zwiebel-Masse darübergeben und mit den restlichen Auberginenscheiben bedecken.

Den Joghurt mit der Hälfte des Käses und dem Eigelb verrühren und mit Salz und Pfeffer würzen. Das Eiweiß fast steif schlagen, unter die Joghurtmasse heben, gleichmäßig auf die eingeschichteten Zutaten verteilen und mit dem restlichen Käse bestreuen. Die Form auf dem Rost in den Backofen schieben.
Ober-/Unterhitze:
etwa 200 °C (vorgeheizt)
Heißluft: etwa 180 °C
(nicht vorgeheizt)
Gas: Stufe 3–4
(vorgeheizt)
Backzeit:
etwa 45 Minuten.
Beigabe: Warmes Fladenbrot.

FISCH- UND FLEISCH-AUFLÄUFE UND -GR

LAMMFLEISCH-AUBERGINEN-AUFLAUF

500 g Tomaten
500 g Auberginen
Salz
3–4 EL Speiseöl
2 Zwiebeln
500 g gehacktes Lammfleisch
Salz
frisch gemahlener Pfeffer
Paprika edelsüß
gerebelter Thymian
gerebelter Rosmarin
1 Becher (150 g) Joghurt
3 Eier
1 EL Weizenmehl

Die Tomaten kurze Zeit in kochendes Wasser legen (nicht kochen lassen), in kaltem Wasser abschrecken, enthäuten und die Stengelansätze herausschneiden. Die Tomaten in Scheiben schneiden. Von den Auberginen die Stengelansätze entfernen. Die Auberginen waschen und in 1/2 cm dicke Scheiben schneiden. Mit Salz bestreuen, etwa 30 Minuten ziehen lassen, danach trockentupfen. Das Speiseöl erhitzen, die Auberginenscheiben darin von beiden Seiten hellgelb anbraten und herausnehmen. Die Zwiebeln abziehen, würfeln, in das Bratfett geben und anbraten. Das Lammfleisch hinzufügen, anbraten und dabei die Fleischklümpchen mit einer Gabel zerdrücken. Mit Salz, Pfeffer, Paprika, Thymian und Rosmarin würzen und gar braten lassen. Das Gemüse mit dem Fleisch lagenweise in eine gefettete Auflaufform schichten. Jede Schicht mit Salz, Pfeffer, Paprika, Thymian und Rosmarin würzen. Die Form auf dem Rost in den Backofen schieben.
Ober-/Unterhitze:
etwa 220 °C (vorgeheizt)
Heißluft: etwa 200 °C
(nicht vorgeheizt)
Gas: etwa Stufe 5
(vorgeheizt)
Backzeit:
etwa 25 Minuten.
Den Joghurt mit den Eiern und dem Weizenmehl verrühren, mit Salz würzen und über den Auflauf gießen. Die Form auf dem Rost in den Backofen schieben.
Backtemperatur:
siehe oben.
Backzeit:
etwa 15 Minuten.

KALBFLEISCH-AUFLAUF

(ohne Foto)

1 Zwiebel
1 EL Speiseöl
300 g Kalbfleischgehacktes
500 g Blumenkohl
200 g Möhren
200 g Porree (Lauch)
600 ml Salzwasser
250 g Champignons, vorbereitet
Fett für die Form

Für die Sauce:
25 g Butter
20 g Weizenmehl
375 ml (3/8 l) Gemüsekochflüssigkeit
1 Eigelb
Salz
frisch gemahlener Pfeffer
Paprika edelsüß
50 g geriebener Käse (z.B. Emmentaler)

Die Zwiebel abziehen, fein würfeln, in dem erhitzen Öl mit dem Hackfleisch anbraten. Den Blumenkohl von Blättern und schlechten Stellen befreien, sorgfältig waschen, in kleine Röschen zerteilen. Die Möhren schälen, waschen, fein würfeln oder in Scheiben schneiden. Den Porree putzen, waschen und in Ringe schneiden. Das zerkleinerte Gemüse in kochendem Salzwasser in 8–10 Minuten gar kochen lassen. Die Pilze putzen, waschen, in Scheiben schneiden. Kalbfleisch,

Gemüse und Pilze abwechselnd lagenweise in eine gefettete Auflaufform schichten. Für die Sauce die Butter zerlassen und das Mehl unter Rühren so lange darin erhitzen, bis es hellgelb ist. Die Brühe hinzufügen, 5 Minuten kochen. Die Sauce mit Eigelb legieren und mit Salz, Pfeffer und Paprika abschmecken, über den Auflauf gießen und mit dem Käse bestreuen. Die Form auf dem Rost in den Backofen schieben.
Ober-/Unterhitze:
etwa 200 °C (vorgeheizt)
Heißluft: etwa 180 °C (nicht vorgeheizt)
Gas: etwa Stufe 4 (vorgeheizt)
Backzeit:
etwa 25 Minuten.

FISCH- UND FLEISCH-AUFLÄUFE UND -GR

THUNFISCH-AUFLAUF À LA CANNES

350 ml Wasser
1–2 EL Speiseöl
200 g Langkornreis (parboiled)
300 g Thunfisch (2 Dosen, je 150 g)
250 g frische Champignons oder 125 g Champignonscheiben aus der Dose
250 g Tomaten

Für die Mornay-Sauce:
1 Pck. Sauce-Hollandaise
200 ml Wasser
50 g Butter
50 ml Schlagsahne
50 g geriebener Gruyère-Käse oder Emmentaler Käse
1–2 EL Weißwein

Das Wasser mit dem Speiseöl zum Kochen bringen. Den Reis hineingeben, zum Kochen bringen, den Topf mit dem Deckel verschließen und den Reis auf kleinster Stufe in etwa 20 Minuten gar ziehen lassen, bis die gesamte Flüssigkeit verdampft. Den Reis in eine gefettete Auflaufform geben. Den Thunfisch abtropfen lassen, zerpflücken und die frischen Champignons putzen, waschen und in Scheiben schneiden (Champignons aus der Dose abtropfen lassen). Die Tomaten waschen, abtrocknen, vierteln, entkernen, die Stengelansätze herausschneiden, die Tomaten feinhacken und die Zutaten gleichmäßig auf dem Reis verteilen. Für die Mornay-Sauce die Sauce-Hollandaise mit dem Wasser in einen Topf geben, gut verrühren und unter ständigem Rühren langsam zum Kochen bringen. Die Butter, Sahne, Käse und den Weißwein unterrühren, zum Kochen bringen, kurz aufkochen lassen. Die Sauce über die Auflaufzutaten geben und die Auflaufform auf dem Rost in den Backofen schieben.
Ober-/Unterhitze: etwa 180 °C (vorgeheizt)
Heißluft: etwa 160 °C (nicht vorgeheizt)
Gas: etwa Stufe 3 (vorgeheizt)
Backzeit: etwa 30 Minuten.
Beilage: Gemischter Salat.

Tip:
Die Mornay-Sauce eignet sich gut für Aufläufe, zu gekochtem Hühnerfleisch und zu gekochtem Fisch.

NUDEL-AUFLAUF MIT LAMMFLEISCH

(ohne Foto)

600 g Lammschulter (ohne Kochen)
6 EL Olivenöl
2 Knoblauchzehen
2 Zweige Rosmarin
4 Zweige Thymian
Salz
frisch gemahlener weißer Pfeffer
250 g Makkaroni
1 ½ l Salzwasser
500 g kleine Zucchini
1 kleine Fenchelknolle (etwa 250 g)
200 g rote Zwiebeln
3 Eier
200 ml Schlagsahne
1 Becher (150 g) saure Sahne
Salz
Cayennepfeffer
geriebene Muskatnuß
125 g geriebener Favorel

Die Lammschulter unter fließendem kaltem Wasser abspülen, das Fleisch häuten, trockentupfen und in kleine Stücke schneiden. Olivenöl (3 EL) erhitzen, das Lammfleisch darin anbraten. Die Knoblauchzehen abziehen, zerdrücken und hinzufügen. Die Kräuter abspülen, trockentupfen, die Blättchen von den Stengeln zupfen, hinzufügen und mit Salz und Pfeffer würzen, beiseite stellen. Die Makkaroni in das kochende Salzwasser geben, ab und zu umrühren und bißfest kochen lassen. Die Nudeln auf ein Sieb geben, mit kaltem Wasser übergießen, abtropfen lassen. Von den Zucchini die Enden abschneiden, waschen und in etwa 2 mm dicke Scheiben schneiden. Die Fenchelknolle waschen, die braunen Stellen abschneiden, halbieren, und in Scheiben schneiden. Die Zwiebeln abziehen, fein würfeln und in dem restlichen Olivenöl glasig dünsten. Die Zucchini- und Fenchelscheiben hinzufügen, unter Rühren andünsten, mit Salz und Pfeffer würzen. Das Lammfleisch, Nudeln und Gemüse abwechselnd in eine gefettete, feuerfeste Form schichten. Die letzte Schicht sollte aus Nudeln bestehen. Die Eier mit Sahne und saurer Sahne verrühren, mit Salz, Cayennepfeffer und Muskatnuß würzen. Den Käse unterrühren, über den Auflauf gießen und die Form auf dem Rost in den kalten Backofen schieben.
Ober-/Unterhitze: etwa 200 °C
Heißluft: etwa 180 °C
Gas: Stufe 3–4
Backzeit: etwa 45 Minuten.
Die ersten 20 Minuten abgedeckt garen, da sonst die Nudeln zu hart werden.

FISCH- UND FLEISCH-AUFLÄUFE UND -GR

HÄHNCHEN-GEMÜSE-AUFLAUF

1 Hähnchen (etwa 700 g)
150 g Bulgur
2 kleine Auberginen (etwa 500 g)
Salz
600 g Flaschentomaten
Cayennepfeffer
etwas Weizenmehl
5 EL Sonnenblumenöl
4 Knoblauchzehen
1 l Geflügelbrühe

Das Hähnchen kalt abspülen, trockentupfen und in mindestens 12 Stücke zerteilen, dabei die Haut entfernen. Den Bulgur mit warmem Wasser bedeckt einweichen. Die Auberginen waschen, den Stengelansatz abschneiden, in Scheiben schneiden und von beiden Seiten mit Salz bestreuen. Die Auberginenscheiben in ein Sieb geben und 30 Minuten abtropfen lassen. Die Tomaten kurz in kochendes Wasser legen, kalt abschrecken, enthäuten und in Scheiben schneiden. Die Hähnchenteile mit Salz würzen, mit Mehl bestäuben und in dem heißen Öl (3 EL) rundherum braten. Den abgetropften Bulgur zugeben. Die Knoblauchzehen abziehen, 2 über das Fleisch pressen und alles kräftig mit Salz und Pfeffer würzen. ¾ Liter von der Geflügelbrühe angießen, alles zum Kochen bringen und dann in eine gefettete, große Auflaufform geben. Die Auberginen abspülen, trockentupfen und abwechselnd mit den Tomaten auf den Auflauf legen. Das restliche Öl mit den restlichen durchgepreßten Knoblauchzehen verrühren, mit Salz und Pfeffer würzen und über das Gemüse träufeln. Die Form locker mit Alufolie abdecken und auf dem Rost in den Backofen schieben. Nach etwa 40 Minuten Backzeit die Folie abnehmen, die restliche Brühe angießen und offen fertig garen.
Ober-/Unterhitze: etwa 200 °C (vorgeheizt)
Heißluft: etwa 180 °C (nicht vorgeheizt)
Gas: etwa Stufe 4 (vorgeheizt)
Backzeit: etwa 60 Minuten.

Tip:
Bulgur ist eine Hartweizengrütze, die aus gekochtem, fein- oder grobgeschrotetem Weizen hergestellt wird.

PUTEN-AUFLAUF MIT STAUDENSELLERIE

(ohne Foto)
(4–6 Portionen)

750 g Putenbrustfleisch
100 g Toastbrot
125 ml (⅛ l) Hühnerbrühe
1 Ei
3 EL Weißwein
3 EL Schlagsahne
1 TL Zitronensaft
abgeriebene Schale von
½ Zitrone (unbehandelt)
1 TL Dijon-Senf
1 Kästchen Kresse
40 g Butter, Salz
frisch gemahlener Pfeffer
1 kg Staudensellerie
40 g Butter
40 g Weizenmehl
500 ml (½ l) heiße Milch
100 g Gorgonzola Käse
geriebene Muskatnuß

Das Putenbrustfleisch unter fließendem kaltem Wasser abspülen, trockentupfen und in Würfel schneiden. Das Toastbrot entrinden, in der Hühnerbrühe einweichen, gut ausdrücken. Fleischstücke und Toastbrot durch die feine Scheibe des Fleischwolfs drehen und die Masse mit Ei, Weißwein, Schlagsahne, Zitronensaft, Zitronenschale, Senf und der gewaschenen Kresse vermengen. Die Butter zerlassen, unterkneten, mit Salz und Pfeffer würzen. Den Staudensellerie putzen, harte Fäden an der Außenseite der Stengel abziehen, die Stengel waschen, halbieren und die Hälfte mit der Hohlseite nach oben in eine gefettete, feuerfeste Form legen. Die Putenfleischmasse darauf verteilen, die andere Hälfte der Selleriestangen mit der Hohlseite nach unten darauflegen. Die Butter zerlassen und das Mehl unter Rühren so lange darin erhitzen, bis es hellgelb ist. Die heiße Milch hinzufügen, mit einem Schneebesen durchschlagen, darauf achten, daß keine Klumpen entstehen, die Sauce zum Kochen bringen und etwa 5 Minuten kochen lassen. Den Käse in die Sauce geben, unter Rühren schmelzen lassen und mit Salz, Pfeffer und Muskatnuß würzen. Die Sauce über den Auflauf gießen und die Form auf dem Rost in den Backofen schieben.
Ober-/Unterhitze:
etwa 200 °C (vorgeheizt)
Heißluft: etwa 180 °C
(nicht vorgeheizt)
Gas: etwa Stufe 4
(vorgeheizt)
Backzeit:
60–65 Minuten.
Wenn die Oberfläche zu dunkel wird, sie mit Alufolie oder Pergamentpapier abdecken.
Beilage: Grüne Nudeln.

SÜSSE AUFLÄUFE UND -GRATINS

Fruchtig und frisch für süße Naschkatzen. Ob als sommerliches Mittagessen, als leichte Abendmahlzeit oder als feiner, lockerer Nachtisch – die duftigen, süßen Aufläufe und Gratins mit Quark, Eiern, Sahne und Früchten sind so recht zum Schlemmen geeignet – hier ist für jeden Geschmack etwas dabei.

SÜSSE AUFLÄUFE UND -GRATINS

BANANEN-LASAGNE

(Foto Seite 118/119)

(2 Portionen)
400 g Magerquark
2 Eigelb, 30 g Rosinen
30 g Grieß, 30 g Zucker
1 Msp. Zimt
1 Pck. Vanillin-Zucker
2 Orangen, 2 Bananen
3 TL Zitronensaft
4 Lasagneblätter
(6–8 Minuten in Wasser gegart)
40 g Haselnußblättchen

Den Quark mit Eigelb, Rosinen, Grieß, Zucker, Zimt und Vanillin-Zucker vermischen, die Orangen schälen und filitieren. Die Bananen schälen, schräg in Scheiben schneiden und mit Zitronensaft beträufeln. Die Lasagneblätter halbieren, jeweils ein Quadrat auf einen Teller legen, die Hälfte der Quarkmasse darauf verteilen und mit Orangen- und Bananenscheiben belegen. Mit einigen Haselnußblättchen bestreuen, die zweite Lasagneschicht darauflegen. Die Quarkmasse und die übrigen Zutaten darauf schichten, mit den Haselnußblättchen bestreuen, backen.
Ober-/Unterhitze:
etwa 230 °C (vorgeheizt)
Heißluft: etwa 210 °C
(nicht vorgeheizt)
Gas: etwa Stufe 5
(vorgeheizt)
Backzeit:
etwa 15 Minuten.

PFLAUMEN-AUFLAUF

1 Paket Löffelbiskuits
(100–125 g)
500 g reife Eierpflaumen
2 ½ gestr. EL Zucker
6 EL Weißwein
100 ml Pflaumenaperitif
2 Eiweiß
2 Eigelb
2 gestr. EL Weizenmehl
2 TL Zimt-Zucker

Die Löffelbiskuits in eine gefettete Auflaufform legen. Die Pflaumen waschen, halbieren, entsteinen, in Spalten schneiden und mit Zucker (1 gestr. EL), Weißwein und dem Pflaumenaperitif 2–3 Minuten dünsten. Die Pflaumen mit der Flüssigkeit auf den Löffelbiskuits verteilen. Das Eiweiß steif schlagen, den restlichen Zucker unterschlagen. Das verrührte Eigelb unterheben, das Mehl darauf sieben und unterheben. Die Masse auf die Pflaumen streichen. Die Form auf dem Rost in den Backofen schieben.
Ober-/Unterhitze:
180–200 °C (vorgeheizt)
Heißluft: 160–180 °C
(nicht vorgeheizt)
Gas: Stufe 3–4
(vorgeheizt)
Backzeit:
15–25 Minuten.
Den Auflauf vor dem Servieren mit dem Zimt-Zucker bestreuen.

APRIKOSEN-AUFLAUF

**500 g reife Aprikosen
4 Eigelb
2–3 EL heißes Wasser
100 g Zucker
2 EL Speisestärke
4 Eiweiß
Butter
Puderzucker**

Die Aprikosen waschen, halbieren, entsteinen und pürieren. Das Eigelb mit dem heißen Wasser schaumig schlagen, nach und nach 2/3 des Zuckers hinzugeben, so lange schlagen, bis eine cremeartige Masse entstanden ist. Die Speisestärke mit den Aprikosen unter die Eigelbcreme rühren. Das Eiweiß steif schlagen, nach und nach den Rest des Zuckers unterziehen (nicht rühren), unter die Aprikosenmasse heben. Die Masse bergförmig auf eine gefettete, feuerfeste Platte oder in eine Form geben. Die Butter in Flöckchen darauf setzen, die Form auf dem Rost in den Backofen schieben.
Ober-/Unterhitze:
180–200 °C (vorgeheizt)
Heißluft: 160–180 °C
(nicht vorgeheizt)
Gas: Stufe 3–4
(vorgeheizt)
Backzeit:
25–35 Minuten.
Den Auflauf nach Belieben nach dem Backen mit Puderzucker bestäuben, sofort servieren.

SÜSSE AUFLÄUFE UND -GRATINS

OMAS HIRSE-AUFLAUF

150 g Hirse
750 ml (¾ l) Milch
Mark von ½ Vanilleschote
1 Prise Salz
100 g Butter, 75 g Honig
3 Eigelb
abgeriebene Schale von
1 Zitrone (unbehandelt)
50 g abgezogene, gemahlene Mandeln
3 Eiweiß
1 geh. EL abgezogene, gehobelte Mandeln
Butter

Die Hirse waschen, abtropfen lassen. Die Milch mit dem Vanillemark und dem Salz zum Kochen bringen. Die Hirse unter Rühren einstreuen, zum Kochen bringen, in 15–20 Minuten ausquellen lassen (während des Quellens ab und zu umrühren). Die Hirse abkühlen lassen. Die Butter schaumig rühren, nach und nach Honig, Eigelb und Zitronenschale hinzufügen. Die Hirse portionsweise unterrühren. Die Mandeln hinzufügen. Das Eiweiß steif schlagen, unterheben. Die Masse in eine gefettete Auflaufform füllen, mit den gehobelten Mandeln bestreuen. Die Butter in Flöckchen darauf setzen und die Form auf dem Rost in den Backofen schieben.

Ober-/Unterhitze: 180–200 °C (vorgeheizt)
Heißluft: 160–180 °C (nicht vorgeheizt)
Gas: Stufe 3–4 (vorgeheizt)
Backzeit: etwa 45 Minuten.
Beigabe: Säuerliches Kompott, z.B. Stachelbeeren, Rhabarber, Sauerkirschen.

KIRSCH-QUARK-AUFLAUF

100 g Butter oder Margarine
100 g Zucker
6 Eigelb
500 g Speisequark
100 g Grieß
abgeriebene Schale
1 Zitrone (unbehandelt)
1–2 EL Zitronensaft
6 Eiweiß
1 Prise Salz
750 g TK-Süßkirschen (angetaut)
2 EL Mandelblättchen

Die Butter oder Margarine geschmeidig rühren, nach und nach den Zucker und das Eigelb unterrühren. Den Quark mit dem Grieß in die Masse geben, unterrühren, mit Zitronenschale und -saft abschmecken. Das Eiweiß mit dem Salz steif schlagen, unter die Quarkmasse heben. Die Süßkirschen untermischen. Die Masse in eine gefettete Auflaufform füllen, glattstreichen, mit den Mandeln bestreuen. Die Form auf dem Rost in den Backofen schieben, evtl. in den letzten Minuten mit Alufolie abdecken.
Ober-/Unterhitze: etwa 220 °C (vorgeheizt)
Heißluft: etwa 200 °C (nicht vorgeheizt)
Gas: etwa Stufe 4 (vorgeheizt)
Backzeit: 45–50 Minuten.

Tip:
Dieser Auflauf wird – mit einer Suppe als Vorspeise – zu einem leichten, sommerlichen Hauptgericht.

SÜSSE AUFLÄUFE UND -GRATINS

APRIKOSEN-AUFLAUF MIT REIS

500 ml (½ l) Milch
½ TL Salz
1 Stück Zitronenschale (unbehandelt)
150 g Milchreis (Rundkorn)
60 g weiche Butter oder Margarine
2 schwach gehäufte EL Zucker
2 Eigelb
abgeriebene Zitronenschale (unbehandelt)
2 Eiweiß
1 Dose Aprikosen (460 g Abtropfgewicht)
Butter

Die Milch mit Salz und Zitronenschale zum Kochen bringen. Den Milchreis hineingeben, zum Kochen bringen, in etwa 30 Minuten ausquellen lassen und abkühlen. Die Butter oder Margarine mit Zucker, Eigelb und Zitronenschale in eine Rührschüssel geben, gut verrühren. Den Reisbrei unterrühren. Das Eiweiß steif schlagen, unterheben. Die Aprikosenhälften abtropfen lassen. Eine runde, feuerfeste Form ausfetten. Die Hälfte der Reismasse einfüllen, die Aprikosen darauf geben, mit der restlichen Reismasse bedecken. Die Butter in Flöckchen darauf setzen. Die Form auf dem Rost in den Backofen schieben.
Ober-/Unterhitze: 180–200 °C (vorgeheizt)
Heißluft: 160–180 °C (nicht vorgeheizt)
Gas: Stufe 3–4 (vorgeheizt)
Backzeit: etwa 40 Minuten.

REIS-AUFLAUF

1 l Milch
Salz
200 g Milchreis (Rundkorn)
50 g Butter oder Margarine
75 g Zucker
1 Pck. Vanillin-Zucker
3 Eier
2 Tropfen Bittermandel-Aroma
4 Tropfen Zitronen-Aroma
1 Pck. Pudding-Pulver Vanille-Geschmack
2 gestr. TL Backpulver
1 EL abgezogene, gemahlene Mandeln
1 EL Rosinen
Butter oder Margarine
Semmelbrösel
Butter

Die Milch mit Salz zum Kochen bringen. Den Milchreis hineingeben, zum Kochen bringen, etwa 30 Minuten ausquellen lassen (er muß noch körnig sein), kalt stellen. Die Butter oder Margarine schaumig rühren. Nach und nach Zucker, Vanillin-Zucker, Eier, Aroma und den Reis hinzufügen. Das Pudding-Pulver mit dem Backpulver mischen, sieben, unterrühren. Die Mandeln und Rosinen zuletzt unter die Masse rühren. Die Masse in eine mit Butter oder Margarine gefettete Auflaufform füllen. Den Auflauf mit Semmelbröseln bestreuen. Die Butter in Flöckchen darauf setzen. Die Auflaufform auf dem Rost in den Backofen schieben.
Ober-/Unterhitze: 200–220 °C (vorgeheizt)
Heißluft: 180–200 °C (nicht vorgeheizt)
Gas: Stufe 3–4 (vorgeheizt)
Backzeit: 40–50 Minuten.
Beigabe: Säuerliches Kompott oder Fruchtsauce.

Tip:
Milchreis brennt nicht an, wenn man etwas Wasser – etwa 3 Eßlöffel – zum Kochen bringt und die Milch erst danach zugibt.

SÜSSE AUFLÄUFE UND -GRATINS

CANNELLONI MIT TOPFENFÜLLUNG UND KIRSCHEN

500 g Magerquark
2 Eier
3 EL Zucker
1 EL Speisestärke
1 EL Zitronensaft
1 Päckchen Bourbon Vanille-Zucker
100 g Rosinen
250 g Cannelloni
360 g Kaiserkirschen oder Sauerkirschen (aus dem Glas)

Für den Guß:
500 g Joghurt
150 ml Milch
2 EL Kastanienhonig
2 EL Mandelblättchen

Den Quark mit den Eiern, Zucker, Speisestärke, Zitronensaft und Bourbon Vanille-Zucker verrühren, die Rosinen unterheben. Die Cannelloni mit der Masse füllen. Dazu die Füllung in einen Spritzbeutel ohne Tülle geben und von beiden Seiten in die Cannelloni spritzen. Die gefüllten Cannelloni in eine gefettete Auflaufform legen. Die Kaiser- oder Sauerkirschen abtropfen lassen und gleichmäßig über die Cannelloni verteilen. Für den Guß den Joghurt mit der Milch und dem Kastanienhonig verrühren, über die Cannelloni geben und mit Mandelblättchen bestreuen. Den Auflauf auf dem Rost in den Backofen schieben.
Ober-/Unterhitze:
etwa 180 °C (vorgeheizt)
Heißluft: etwa 160 °C (nicht vorgeheizt)
Gas: Stufe 2–3 (vorgeheizt)
Backzeit:
etwa 50 Minuten.

126

QUARK-AUFLAUF

50 g weiche Butter oder Margarine
125 g Zucker
1 Pck. Vanillin-Zucker
2 Eier
1 Tropfen Zitronen-Aroma
Salz
500 g Speisequark (20%)
1 EL Grieß
1 Pck. Pudding-Pulver Vanille-Geschmack
2 gestr. TL Backpulver
500 g Äpfel
50 g Rosinen
Butter

Die Butter oder Margarine mit dem Handrührgerät mit Rührbesen geschmeidig rühren. Nach und nach Zucker, Vanillin-Zucker, Eier, Zitronen-Aroma, Salz und Quark hinzufügen. Den Grieß, Pudding-Pulver und Backpulver mischen, nach und nach unterrühren. Die Äpfel schälen, vierteln, entkernen, in kleine Würfel schneiden, mit den Rosinen zuletzt unter den Teig heben. Den Teig in eine gefettete Auflaufform füllen. Die Butter in Flöckchen darauf setzen. Die Auflaufform auf dem Rost in den Backofen schieben.
Ober-/Unterhitze: 180–200 °C (vorgeheizt)
Heißluft: 160–180 °C (nicht vorgeheizt)
Gas: Stufe 3–4 (vorgeheizt)
Backzeit: 50–60 Minuten.

Tip:
Folgende Apfelsorten eignen sich besonders gut für diesen Quark-Auflauf: Boskoop, Elstar und Cox-Orange.

SÜSSE AUFLÄUFE UND -GRATINS

RHABARBER-AUFLAUF

1 kg Rhabarber
5 gut gehäufte EL Zucker
abgeriebene Schale von
1 Zitrone (unbehandelt)
3 EL Butter oder
Margarine
etwa 200 g zerbröckelter
Zwieback
5 gehäufte EL Zucker
2 Pck. Vanillin-Zucker
2 Eiweiß

Den Rhabarber putzen, waschen, in etwa 2 cm lange Stücke schneiden (nicht abziehen), mit Zucker bestreuen. Sobald der Rhabarber Saft gezogen hat, die Zitronenschale hinzufügen. Den Rhabarber 5–10 Minuten weich dünsten lassen. Die Butter oder Margarine zerlassen. Den zerbröckelten Zwieback darin anbräunen. Den Zucker (3 EL) mit Vanillin-Zucker mischen, hinzufügen, unter Rühren mitbräunen lassen. Den Zwieback und das Rhabarberkompott abwechselnd lagenweise in eine gefettete, flache Auflaufform schichten. Das Eiweiß steif schlagen, mit dem restlichen Zucker süßen, gleichmäßig auf den Rhabarberauflauf streichen. Die Auflaufform auf dem Rost in den Backofen schieben, den Eischnee goldgelb backen.
Ober-/Unterhitze:
etwa 250 °C (vorgeheizt)
Heißluft: etwa 220 °C
(nicht vorgeheizt)
Gas: Stufe 6–7
(vorgeheizt)
Backzeit: 3–5 Minuten.

KOMPOTT-AUFLAUF

250 ml (¼ l) Milch
100 g (etwa 9) Zwiebäcke
200 g Pflaumenkompott
150 g Birnenkompott
150 g Apfelkompott
500 ml (½ l) Milch
1 Pck. Pudding-Pulver
Vanille-Geschmack
50 g Zucker
1 Eigelb
1 Eiweiß
1 gestr. TL Zucker

Die Milch erhitzen, die Zwiebäcke darin einweichen. Das Pflaumen- und Birnenkompott abtropfen lassen. Die Kompotte in eine gefettete Auflaufform geben, die durchweichten Zwiebäcke dicht nebeneinander darauf legen. Aus Milch, Pudding-Pulver, Zucker und Eigelb einen Pudding nach Packungsanleitung zubereiten. Den Pudding auf die Zwiebäcke geben. Das Eiweiß steif schlagen, mit Zucker süßen, gleichmäßig auf den Pudding streichen. Die Form auf dem Rost in den Backofen schieben.
Ober-/Unterhitze:
180–200 °C (vorgeheizt)
Heißluft: 160–180 °C
(nicht vorgeheizt)
Gas: etwa Stufe 3
(vorgeheizt)
Backzeit:
15–20 Minuten.

SÜSSE AUFLÄUFE UND -GRATINS

KROKANT-AUFLAUF

150 g Puderzucker
70 g Butter
150 g Mandelblättchen
100 g Rundkornreis
750 ml (¾ l) Milch
½ TL Safran
1 Prise Salz
2 EL Honig
4 cl Amaretto
4 Eigelb, 4 Eiweiß
Butter oder Margarine
Puderzucker

Etwa 50 g Puderzucker in einer heißen Pfanne unter Rühren auflösen, nach und nach den übrigen Zucker dazugeben, etwa 1 Minute erhitzen, bis er hellbraun karamelisiert ist. Kurz ins kalte Wasserbad stellen. 1 Eßlöffel Butter unterrühren und über die Mandeln gießen. Die Masse in einer flachen Schale abkühlen lassen. Den Reis kurz mit kochendem Wasser überbrühen. Die Milch mit Safran, Salz und dem Honig aufkochen, den Reis zugeben, etwa 30 Minuten bei kleiner Hitze ausquellen lassen. Die restliche Butter und Amaretto unterziehen und etwas abkühlen lassen. Das Eigelb unterrühren. Die Mandelmasse zerbröseln, unterziehen. Das Eiweiß steif schlagen und unterheben. Alles in eine gefettete Auflaufform geben. Die Form auf dem Rost in den Backofen schieben.
Ober-/Unterhitze:
etwa 220 °C (vorgeheizt)
Heißluft: etwa 200 °C (nicht vorgeheizt)
Gas: etwa Stufe 5 (vorgeheizt)
Backzeit: 35 Minuten.
Den heißen Auflauf mit Puderzucker bestäuben.

ZWETSCHEN-BIRNEN-AUFLAUF

(ohne Foto)

(Für 4–6 Portionen)

500 g reife Birnen
2 EL Zitronensaft
50 g gehackte Haselnußkerne
50 g Semmelbrösel
50 g brauner Zucker
1 kg Zwetschen
125 ml (⅛ l) Wasser

Für den Teig:
40 g Butter
4 Eigelb
50 g Zucker
20 g Butter
250 ml (¼ l) Schlagsahne
50 g gehackte Haselnußkerne
100 g gesiebtes Weizenmehl
4 Eiweiß
1 Prise Salz

Die Birnen schälen, längs halbieren, entkernen. Die Birnenhälften mit dem Zitronensaft beträufeln, mit der Schnittfläche nach unten in eine gefettete Auflaufform legen. Die Haselnußkerne mit Semmelbröseln und braunem Zucker vermengen, ⅓ der Masse über die Birnen streuen. Die Zwetschen waschen, halbieren, entsteinen, mit Wasser zum Kochen bringen, etwa 5 Minuten dünsten lassen. Die Pflaumen auf den Birnen verteilen, mit der restlichen Bröselmischung bestreuen. Für den Teig die Butter geschmeidig rühren. Nach und nach das Eigelb unterrühren. Den Zucker unter ständigem Rühren so lange erhitzen, bis er goldgelb ist, die Butter darin zerlassen. Die Sahne hinzugießen, so lange unter Rühren kochen lassen, bis der Karamel wieder flüssig ist. Die Karamelmasse nach und nach unter die Butter-Eigelb-Masse rühren. Die Haselnußkerne und das Mehl unterrühren. Den Teig abkühlen lassen. Das Eiweiß mit dem Salz steif schlagen, ⅓ in die Karamelmasse rühren, den Rest vorsichtig unterheben. Den Teig auf den Früchten verteilen, glattstreichen. Die Form auf dem Rost in den Backofen schieben, evtl. in den letzten 5 Minuten Backzeit mit gefetteter Alufolie abdecken.
Ober-/Unterhitze:
etwa 180 °C (vorgeheizt)
Heißluft: etwa 160 °C (nicht vorgeheizt)
Gas: etwa Stufe 3 (vorgeheizt)
Backzeit:
30–35 Minuten.

KÜRBIS-AUFLAUF MIT LIMONENSCHAUM

4 altbackene Brötchen
250 ml (¼ l) Milch
125 ml (⅛ l) Schlagsahne
150 g weiche Butter
175 g Zucker
1 Pck. Vanillin-Zucker
4 Eigelb
2 TL gemahlener Ingwer
150 g gemahlene Haselnußkerne
2–3 Gläser Kürbis (je 200 g Abtropfgewicht)
4 Eiweiß

Für den Limonenschaum:
1 Ei
125 ml (⅛ l) Apfelsaft
Schale und Saft von 1 Limone
1 TL Speisestärke
1 EL Zucker

Die Brötchen in dünne Scheiben schneiden. Die Milch und die Sahne erhitzen und auf die Brötchenscheiben gießen. Die Butter mit dem Handrührgerät mit Rührbesen auf höchster Stufe geschmeidig rühren. Nach und nach den Zucker und Vanillin-Zucker unterrühren, bis eine gebundene Masse entstanden ist. Das Eigelb nach und nach unterrühren (jedes Eigelb knapp ½ Minute). Den Ingwer und die Haselnußkerne unterrühren. Den Kürbis abtropfen lassen und unterheben. Das Eiweiß steif schagen, unter die Kürbismasse heben und die Masse in eine gefettete Auflaufform geben. Die Form auf dem Rost in den Backofen schieben.

Ober-/Unterhitze: 180–200 °C (vorgeheizt)
Heißluft: 160–180 °C (nicht vorgeheizt)
Gas: Stufe 3–4 (vorgeheizt)
Backzeit: 50–60 Minuten.
Für den Limonenschaum die Zutaten in einen Topf geben, mit einem Schneebesen gut durchschlagen und unter ständigem Schlagen erhitzen, bis eine Kochblase aufsteigt. Die Sauce zum Auflauf reichen.

SÜSSE AUFLÄUFE UND -GRATINS

ZWIEBACK-AUFLAUF

9 Scheiben Zwieback
100 g Marzipan-Rohmasse
500 ml (½ l) Milch
2 reife Bananen
1 Msp. Anispulver
3–4 EL Orangenlikör
1 Dose Aprikosen (Einwaage 400 g)
2 Eiweiß
100 g Puderzucker

Die Zwiebackscheiben dünn mit Marzipan-Rohmasse bestreichen. Die Milch mit den geschälten Bananen, Anis und dem Likör im Mixer pürieren. Die Aprikosen abtropfen lassen. In eine gefettete Auflaufform die Zwiebackscheiben abwechselnd mit den Aprikosen einschichten. Die oberste Schicht bilden Aprikosen. Die Bananenmilch darübergießen. Die Form auf dem Rost in den Backofen schieben.
Ober-/Unterhitze: etwa 200 °C (vorgeheizt)
Heißluft: etwa 180 °C (nicht vorgeheizt)
Gas: Stufe 4 (vorgeheizt)
Backzeit: etwa 40 Minuten.
Das Eiweiß zu sehr steifem Schnee schlagen, den Puderzucker nach und nach unterschlagen. Etwa 10 Minuten vor Ende der Garzeit den Eischnee mit einem Spritzbeutel auf den Auflauf spritzen und weiterbacken, bis die Baisermasse leicht zu bräunen beginnt.

PFIRSICHE MIT SAHNE-HAUBE

(ohne Foto)

6–8 Pfirsiche
375 ml (⅜ l) halbtrockener Weißwein
2–3 EL Zucker
1 Stück Stangenzimt
250 ml (¼ l) Schlagsahne
2 Eigelb
2–3 EL geriebener Zwieback, Zucker
Vanillin-Zucker

Die Pfirsiche kurze Zeit in kochendes Wasser legen (nicht kochen lassen), in kaltem Wasser abschrecken, enthäuten, halbieren, entsteinen und vierteln. Den Wein mit Zucker und Zimt zum Kochen bringen. Die Pfirsichviertel hineingeben, im geschlossenen Topf 3–4 Minuten dünsten, abtropfen lassen. Die Pfirsichstücke in eine gut gefettete Auflaufform legen, etwas von dem Pfirsichsaft darübergeben. Die Sahne steif schlagen, mit dem Eigelb verrühren. Den Zwieback unterheben, mit Zucker und Vanillin-Zucker abschmecken. Die Sauce über die Pfirsiche gießen. Die Form auf dem Rost in den Backofen schieben.
Ober-/Unterhitze: etwa 200 °C (vorgeheizt)
Heißluft: etwa 180 °C (nicht vorgeheizt)
Gas: etwa Stufe 3–4 (vorgeheizt)
Backzeit: 15–20 Minuten.

QUARK-MANDEL-AUFLAUF

4 Eiweiß
150 g weiche Butter oder Margarine
4 Eigelb
100 g Zucker
150 g gemahlene Mandeln
abgeriebene Schale von ½ Zitrone (unbehandelt)
150 g Rosinen
250 g Magerquark
1–2 EL Semmelbrösel

Das Eiweiß steif schlagen. Die Butter oder Margarine, Eigelb, Zucker, Mandeln und Zitronenschale so lange schlagen, bis eine cremeartige Masse entstanden ist. Die Rosinen verlesen, mit dem Quark unter die Eigelbmasse rühren. Das steifgeschlagene Eiweiß unterheben. Eine runde Auflaufform fetten, mit Semmelbröseln ausstreuen. Die Masse einfüllen, die Form auf dem Rost in den Backofen schieben.
Ober-/Unterhitze: etwa 180 °C (vorgeheizt)
Heißluft: etwa 160 °C (nicht vorgeheizt)
Gas: Stufe 2–3 (vorgeheizt)
Backzeit: 45–50 Minuten.
Beigabe: Frische, gezuckerte Erdbeeren.

SOUFFLÉS

Ein Soufflé ist die feinere Variante des Auflaufs. Die locker-luftigen Soufflés können sowohl süß als auch pikant sein. Soufflés werden als kleine feine Vorspeise, als Beilage oder als Dessert gereicht. Die Konsistenz von Soufflés ist sehr empfindlich, deshalb sollten sie immer sofort nach dem Backen serviert werden.

SOUFFLÉS

SPARGEL-SOUFFLÉ MIT ORANGEN

(Foto Seite 134/135)

**600 frischer Spargel
Zucker
Schale und Saft von
1 Orange (unbehandelt)
2 EL Mandelsplitter
1 EL Butter
1 EL Weizenmehl
125 ml (⅛ l) Spargel-
wasser
125 ml (⅛ l) Schlag-
sahne
2 Eigelb
Salz
frisch gemahlener Pfeffer
2 Eiweiß**

Die Spargelstangen schälen, in 8-10 cm lange Stücke schneiden und in leicht gezuckertem Salzwasser halbgar kochen. Die Orange gründlich waschen und abtrocknen. Die Schale abreiben und den Saft auspressen. Die Butter zerlassen, das Mehl unter Rühren darin anschwitzen. Mit Spargelwasser unter Rühren löschen und mit der geriebenen Orangenschale kurz einkochen lassen (Zubereitung einer hellen Grundsauce siehe Ratgeber). Die Spargelstangen gut abtropfen lassen und in einer flachen, gebutterten und mit einem Teil der Mandelsplitter bestreuten Form verteilen. Sahne und Eigelb verschlagen, die Sauce damit binden, den Orangensaft dazugeben und mit Salz und Pfeffer abschmecken. Das Eiweiß steif schlagen, mit der Sauce vermengen. Die Eiercreme über den Spargel geben und mit den restlichen Mandeln bestreuen. Das Soufflé in den vorgeheizten Backofen schieben.
Ober-/Unterhitze:
200–220 °C
Heißluft: 180–200 °C
Gas Stufe 4–5
Backzeit: 20 Minuten.

SCHOKOLADEN-SOUFFLÉ

**4 Eiweiß
4 Eigelb
75 g Zucker
25 g Kakao
75 g abgezogene,
gemahlene Mandeln
Butter oder Margarine
1 EL Semmelbrösel**

Das Eiweiß steif schlagen. Das Eigelb mit dem Zucker dickschaumig schlagen. Den Eischnee darauf geben. Den Kakao auf den Eischnee sieben, die Mandeln darübergeben. Den Eischnee, Kakao und Mandeln vorsichtig unter die Eigelbcreme ziehen (nicht rühren). Die Masse in eine mit Butter oder Margarine ausgefettete Auflaufform füllen. Die Semmelbrösel darüberstreuen. Die Form auf dem Rost in den vorgeheizten Backofen schieben.
Ober-/Unterhitze:
180–200 °C
Heißluft: 160–180 °C
Gas: etwa Stufe 3
Backzeit:
etwa 25 Minuten.
Beigabe: Schlagsahne oder Vanillesauce.

PETERSILIEN-SOUFFLÉ

2 Bund glatte Petersilie
200 ml Schlagsahne
200 ml Milch
80 g Kartoffelpüree-Pulver
100 g Doppelrahm-Frischkäse
Salz
Pfeffer
Worcestersauce
4 Eigelb
4 Eiweiß
Außerdem: Butter

Die Petersilie abspülen, trockentupfen und die Blättchen sehr fein hacken. Die Sahne und die Milch erhitzen und das Kartoffelpulver unterschlagen. Den Frischkäse unterrühren und etwa 2 Minuten mit dem Handrührgerät durchschlagen. Die Masse mit Salz, Pfeffer und Worcestersauce würzen und das Eigelb unterziehen. Das Eiweiß steif schlagen und unterheben. Die Masse in gefettete Auflaufförmchen füllen und auf dem Rost in den vorgeheizten Backofen stellen.
Ober-/Unterhitze: etwa 220 °C
Heißluft: etwa 200 °C
Gas: Stufe 4–5
Backzeit: 30 Minuten.

SOUFFLÉS

MÖHREN-SOUFFLÉ

250–300 g Möhren
Wasser
2 Eigelb
1 EL Weizenmehl
70 ml (5–6 EL) Schlagsahne
Salz
Pfeffer
grob gemahlener Koriander
2 Eiweiß
1 Bund glatte Petersilie

Die Möhren putzen, waschen und in größere Stücke schneiden. In wenig Wasser in etwa 20 Minuten garen, abtropfen lassen und im Mixer oder mit dem Pürierstab eines Handrührgerätes pürieren. Das Möhrenpüree mit Eigelb, Mehl, Sahne und Gewürzen verrühren. Das steifgeschlagene Eiweiß mit der feingehackten Petersilie vorsichtig unterheben. Die Masse in vier gefettete, feuerfeste Förmchen füllen (bis kurz unter den Rand). Die Förmchen auf dem Rost, in einem mit heißem Wasser gefüllten Gefäß, in den vorgeheizten Backofen schieben.
Ober-/Unterhitze: etwa 200 °C
Heißluft: etwa 180 °C
Gas: etwa Stufe 4
Backzeit: etwa 25 Minuten.

KARTOFFEL-SOUFFLÉ

750 g Kartoffeln
kochendes Salzwasser
125 ml (⅛ l) Milch
30 g Weizenmehl
3 Eigelb
125 g geriebener Schweizer Emmentaler
Salz
frisch gemahlener Pfeffer
geriebene Muskatnuß
3 Eiweiß
1–2 EL Semmelbrösel
30 g Butter

Die Kartoffeln schälen, waschen, in kleine Würfel schneiden, in kochendes Salzwasser geben, zum Kochen bringen, in etwa 15 Minuten gar kochen lassen, das Wasser abgießen, die Kartoffeln gut abdämpfen lassen, heiß durch die Presse geben. Die Milch, Mehl, Eigelb und ⅔ des Emmentalers hinzufügen, die Kartoffelmasse mit einem Schneebesen durchschlagen, mit Salz, Pfeffer und Muskatnuß abschmecken. Das Eiweiß steif schlagen, unter den Kartoffelbrei heben. Die Masse in eine gefettete, mit Semmelbröseln ausgestreute feuerfeste Form geben, glattstreichen, mit dem restlichen Käse bestreuen und mit Butterflöckchen belegen. Die Form auf dem Rost in den vorgeheizten Backofen schieben.
Ober-/Unterhitze: 200–220 °C
Heißluft: 180–200 °C
Gas: Stufe 3–4
Backzeit: 50–60 Minuten.

139

SOUFFLÉS

DREI-KORN-SOUFFLÉ

40 g Drei-Korn-Grütze (Hafer, Weizen, Buchweizen)
100 ml Wasser
40 g gehackte Walnußkerne
1 EL Butter
50 g Drei-Korn-Mehl
50 g Butter
250 ml (¼ l) Milch
4 Eigelb
6 EL frisch geriebener Parmesan
½ TL Meersalz
1 TL gerebeltes Basilikum
frisch gemahlener weißer Pfeffer
gerebelter Thymian
geriebene Muskatnuß
Sojasauce
4 Eiweiß

Die Drei-Korn-Grütze in dem Wasser etwa 2 Stunden einweichen, abtropfen lassen und mit den gehackten Walnußkernen vermengen. Die Butter (1 EL) zerlassen, die Mischung darin etwa 5 Minuten rösten. Das Drei-Korn-Mehl mit der Butter (50 g) verkneten, eine 2 cm dicke Rolle daraus formen und in kleine Stücke schneiden. Die Milch zum Kochen bringen, nach und nach die Mehl-Butter zugeben, bis ein Brei entstanden ist und etwas abkühlen lassen. Den Brei mit der Nuß-Mischung, dem Eigelb und dem Käse verrühren, mit Meersalz, Basilikum, Pfeffer, Thymian, Muskat und Sojasauce würzen. Das Eiweiß steif schlagen, unterheben. Die Masse in eine gefettete hohe Auflaufform geben und auf dem Rost in den vorgeheizten Backofen schieben.
Ober-/Unterhitze: etwa 200 °C
Heißluft: etwa 180 °C
Gas: etwa Stufe 4
Backzeit: 35–40 Minuten.

BANANEN-SOUFFLÉ

125 ml (⅛ l) Milch
3 Eigelb
1–2 EL Zucker
3 mittelgroße reife Bananen
3 EL Speisestärke
3 Eiweiß
2 EL Zucker

Die Milch zum Kochen bringen und abkühlen lassen. Das Eigelb mit dem Zucker cremig schlagen und die Milch langsam dazu gießen. Die Bananen schälen, pürieren und unter die Creme heben. Die Speisestärke darüber sieben und unterrühren. Das Eiweiß steif schlagen, den Zucker einrieseln lassen, etwa 1 Minute weiterschlagen und den Eischnee unter die Bananencreme heben. Eine große Soufflèform ausfetten, mit Zucker ausstreuen, die Masse bis etwa 2 cm unter den Rand einfüllen und die Form auf dem Rost auf der mittleren Schiene in den vorgeheizten Backofen schieben.
Ober-/Unterhitze: etwa 200 °C
Heißluft: etwa 180 °C
Gas: etwa Stufe 4
Backzeit: etwa 40 Minuten.
Beigabe: Schokoladensauce.

SOUFFLÉS

KÄSE-SOUFFLÉS

40 g Butter
40 g Weizenmehl
250 ml (¼ l) Milch
Salz
Pfeffer
geriebene Muskatnuß
abgeriebene Zitronenschale (unbehandelt)
120 g geriebener alter Gouda
4 Eigelb
4 Eiweiß
Außerdem: Butter

Die Butter zerlassen und das Mehl darin anschwitzen. Die Milch nach und nach mit einem Schneebesen unterschlagen, darauf achten, daß keine Klümpchen entstehen (Zubereitung einer Grundsauce siehe Ratgeber). Die Sauce aufkochen, dann abkühlen lassen. Die Sauce mit Salz, Pfeffer, Muskatnuß und Zitronenschale würzen, den Käse unterrühren. Nach und nach das Eigelb unterrühren. Das Eiweiß steif schlagen und unterziehen. Die Masse in vier gefettete Auflaufförmchen füllen und auf dem Rost in den vorgeheizten Backofen schieben.
Ober-/Unterhitze: etwa 220 °C
Heißluft: etwa 200 °C
Gas: Stufe 4–5
Backzeit: 15 Minuten.

KLEINE KÄSE-SOUFFLÉS AMSTERDAM

200 g alten Gouda
100 g Schafskäse
4 Eier
1 TL scharfer Senf
½ TL gerebelter Majoran
geriebene Muskatnuß
frisch gemahlener Pfeffer
1 Kästchen Kresse

Den Gouda reiben und den Schafskäse zerbrökkeln. Die Eier trennen, das Eigelb mit Gouda, Schafskäse, Senf und Majoran cremig rühren und mit Muskat und Pfeffer abschmecken. Die Kresse vorsichtig abspülen, mit einer Schere abschneiden und unter die Eimasse rühren. Das Eiweiß steif schlagen, unter die Eimasse ziehen und in vier kleine gefettete Souffléförmchen füllen. Die Förmchen auf dem Rost in den vorgeheizten Backofen schieben.
Ober-/Unterhitze:
200–220 °C
Heißluft: 180–200 °C
Gas: Stufe 4–5
Backzeit:
20–25 Minuten.
Die Käsesoufflés sofort servieren.

Tip:
Die Auflaufform für das Soufflé sollte nicht höher als zu Dreiviertel gefüllt werden, damit das Soufflé nicht überläuft.

SOUFFLÉS

BATATEN-SOUFFLÉ

*375 g Bataten
(Süßkartoffeln)
1 große reife Banane
1 ½ EL zerlassene Butter
3 Eigelb
1 TL Salz
3–4 EL heiße Milch
1 Prise Muskatnuß
3 Eiweiß*

Die Bataten waschen, in Wasser geben und in etwa 25 Minuten gar kochen, abgießen, abdämpfen, pellen und durch eine Kartoffelpresse geben oder im Mixer pürieren.
Die Banane schälen, zerdrücken und dazugeben. Die Butter mit Eigelb, Salz, heißer Milch und Muskat verrühren und unter das Mus schlagen. Das Eiweiß steif schlagen. Zuerst einen Löffel Eischnee unter die Batatenmasse rühren, dann den Rest ganz leicht und vorsichtig unterziehen. Die Masse in eine gefettete Auflaufform füllen (Form zu ²/₃ füllen) und in den vorgeheizten Backofen schieben.
Ober-/Unterhitze:
etwa 200 °C
Heißluft: etwa 180 °C
Gas: etwa Stufe 4
Backzeit:
etwa 30 Minuten.

CRÊPES SOUFFLÉ

8 Crêpes

*Für den Teig:
100 g Weizenmehl
1 EL Speisestärke
¼ TL Salz
3 Eier
125 ml (⅛ l) Milch
2 EL flüssige Butter*

*Für die Füllung:
1 EL Butter
1 EL Weizenmehl
250 ml (¼ l) Milch
1 Eigelb
2 EL Zitronensaft
Salz
Cayennepfeffer
1 Prise Currypulver
1 Eiweiß
200 g geschälte Krabben
2 EL geriebener Emmentaler Käse*

*Außerdem:
Speiseöl zum Backen
Fett für die Form,
zerlassene Butter zum Bestreichen
Sesamsamen zum Bestreuen*

Für den Teig das Mehl und die Speisestärke mischen, sieben und mit Salz, Eiern, Milch und flüssiger Butter rasch zu einem glatten, flüssigen Teig verrühren. Etwa 30 Minuten ruhen lassen. Eine kleine Pfanne mit Speiseöl ausstreichen und etwas Teig hineingießen. Die Pfanne so schwenken, daß der Teig sich gleichmäßig dünn auf dem Boden verteilt. Etwa ½ Minute backen, bis der Teig an der Oberfläche stumpf ist. Die Crêpe wenden und die andere Seite backen, danach auf einen Teller legen und ein Stück Pergamentpapier daraufgeben. Aus dem restlichen Teig weitere sieben Crêpes backen.
Für die Füllung die Butter zerlassen, das Weizenmehl darin hellgelb anschwitzen. Die Milch hinzugießen und mit dem Schneebesen gut durchschlagen. Die Sauce unter Rühren etwa 5 Minuten kochen, vom Herd nehmen und das Eigelb unterschlagen und mit Zitronensaft, Salz, Cayennepfeffer und Curry würzen. Das Eiweiß steif schlagen, mit Krabben und Käse unter die Sauce heben. Die Crêpes mit der Masse füllen und zusammenrollen. Jeweils zwei Crêpes nebeneinander in eine gefettete feuerfeste Form legen. Die Crêpes mit zerlassener Butter bestreichen und mit Sesam bestreuen. Die Formen auf dem Rost in den Backofen schieben.
Ober-/Unterhitze:
etwa 220 °C (vorgeheizt)
Heißluft: etwa 200 °C
(nicht vorgeheizt)
Gas: Stufe 4–5
(vorgeheizt)
Backzeit:
etwa 20 Minuten.

145

SOUFFLÉS

OMELETTE SOUFFLÉ

4 Eigelb
100 g Zucker
4 Eiweiß
20 g Speisestärke
20 g Puderzucker

Das Eigelb mit dem Zucker cremig schlagen. Das Eiweiß steif schlagen und auf die Eigelbcreme geben. Die Speisestärke darauf sieben und alles vorsichtig unter die Eigelbcreme ziehen (nicht rühren). Die Masse in eine gefettete, flache Auflaufform geben und auf dem Rost in den vorgeheizten Backofen schieben.
Ober-/Unterhitze: etwa 180 °C
Heißluft: etwa 160 °C
Gas: Stufe 3
Backzeit: 25–30 Minuten.
Den Auflauf nach dem Backen mit Puderzucker bestäuben und sofort servieren.
Beilage: Gezuckerte Beerenfrüchte oder gedünstetes Obst.

Tip:
Das Omelette soufflée bekommt eine lockere, duftige Konsistenz, wenn das Eigelb stark cremig und das Eiweiß sehr fest geschlagen wird.

LEBKUCHEN-SOUFFLÉ

(ohne Foto)

3 Elisenlebkuchen mit Schokoladenguß (etwa 150 g)
1 TL Speisestärke
125 ml (⅛ l) Schlagsahne
3 Eigelb
50 g Zucker
1 EL Rum
3 Eiweiß
1 EL Zucker

Den Lebkuchen grob zerkleinern, mit der Speisestärke und der Hälfte der Sahne vermengen, zum Kochen bringen und abkühlen lassen. Das Eigelb mit der Hälfte des Zuckers (50 g) schaumig schlagen, mit Rum und der Lebkuchenmasse verrühren. Das Eiweiß mit dem restlichen Zucker steif schlagen, unter die Masse ziehen. 6 ausgefettete Portionsförmchen mit Zucker (1 EL) ausstreuen, die Lebkuchenmasse einfüllen und die Förmchen in die 2 cm hoch mit heißem Wasser gefüllte Fettpfanne des vorgeheizten Backofens setzen.
Ober-/Unterhitze: etwa 200 °C
Heißluft: etwa 180 °C
Gas: etwa Stufe 3–4
Backzeit: etwa 20 Minuten.
Das Soufflé sofort servieren. Dazu paßt eine kalte Vanille-Sauce und heiße Kirschen.

SCHOKOLADEN-SOUFFLÉ MIT ANANAS

250 g trockenes Vollkornbrot
200 ml Ananassaft
3 EL Mandellikör
80 g Vollmilchschokolade
60 g weiche Butter
60 g Zucker
1 Prise Salz
3 Eigelb
3 Eiweiß
4 Ananasringe (aus der Dose)
Zucker

Das Brot in Scheiben schneiden, im Toaster auf niedrigster Stufe gänzlich trocknen. Das Brot fein reiben, mit dem leicht erwärmten Ananassaft übergießen und etwa 30 Minuten quellen lassen, den Mandellikör dazugeben. Die Schokolade im Wasserbad schmelzen und mit dem Brot vermengen. Die Butter mit Zucker und Salz cremig rühren, nach und nach das Eigelb unterschlagen. Den Brotteig unter die Creme ziehen. Das Eiweiß zu steifem Schnee schlagen, unter die Brotmasse heben. Vier feuerfeste Förmchen (Ø etwa 8 cm) am Boden und Rand mit Butter ausstreichen, mit Zucker ausstreuen. Jeweils eine Ananasscheibe auf den Förmchenboden legen und die Soufflé-Masse einfüllen. Die Förmchen auf dem Rost in den vorgeheizten Backofen schieben.
Ober-/Unterhitze: etwa 220 °C
Heißluft: etwa 200 °C
Gas: Stufe 4–5
Backzeit: etwa 15 Minuten.

RATGEBER

Hier gibt es ausführliche Informationen zu Aufläufen, Gratins und Soufflés. Zum guten Gelingen tragen ganz wesentlich die richtigen Formen bei. Zum Beispiel sollten für Aufläufe und Soufflés hohe Formen verwendet werden, während Gratins in großen flachen Formen schneller durchgaren.

Der krönende Abschluß eines Auflaufs oder Gratins ist seine goldfarbene Kruste, die vielfältig variieren kann, wie aus den nachfolgenden Ausführungen ersichtlich.

RATGEBER

Aufläufe, Gratins oder Soufflés?

Auflauf ist eine Art Überbegriff. Man versteht darunter eine „im Backofen überbackene Speise aus verschiedenen meistens vorher gegarten Zutaten". Gratin ist das französische Wort für Kruste. So versteht man unter einem Gratin „alles, das durch das Überbacken eine goldbraune Kruste erhält". Und ein Soufflé schließlich ist „ein durch geschlagenes Eiweiß schaumig aufgegangener Auflauf". Das Wort Soufflé stammt von dem französischen Verb „souffler" ab, welches „blasen, aufblähen, auflaufen" bedeutet. Fast alles läßt sich in einen leckeren Auflauf verwandeln. Probieren Sie auch Ihre eigenen Ideen aus!

Einen großen Vorteil haben alle Aufläufe: Während sie im Backofen gedeihen, können Sie den Tisch decken und gegebenenfalls mit Ihren Gästen einen Begrüßungsschluck nehmen. Köstliche Duftschwaden ziehen derweil schon aus der Küche. Und schließlich ist es soweit: Dampfend kommt das leckere Mahl auf den Tisch.

Die Auflaufform

Damit Ihr Auflauf garantiert zur Hochform aufläuft, benötigen Sie zunächst eine oder mehrere feuerfeste Formen, die es aus Glas, Porzellan, Keramik, Gußeisen oder Steingut in den unterschiedlichsten Größen und Formen gibt. Bei einer Neuanschaffung empfiehlt es sich, eine kleine Form für den Haus- und Familiengebrauch (4 Personen) sowie eine große „Gästeform" (8 Personen) anzuschaffen.

Der besondere Reiz des Auflaufes besteht darin, daß er samt seiner Form aus dem Ofen auf den Tisch kommt. Somit läßt sich je nach Form ein rustikaler oder edler Abend gestalten. Aber ob rustikal oder edel: Aufläufe passen immer!

Formen mit hohem und glattem Rand braucht man für Aufläufe und Soufflés, die während des Backens „aufsteigen". Flache Formen dagegen eignen sich für Gratins und Aufläufe, die nur kurz überbacken werden. Wichtig: Aufläufe in großen, hohen Formen müssen etwas länger gegart werden als solche in kleinen oder flachen Formen.

Nützliche Auflauftips

Außer einer guten Auflaufform sind noch einige andere Haushaltsgeräte hilfreich: Ein Handrührgerät mit Rührbesen für das Verquirlen von Eiern und Milch oder Sahne sowie für das Steifschlagen von Eiweiß und Sahne und ein Schneebesen zum Unterheben von Eischnee.

Unerläßlich ist eine gute Reibe für Käse. Für größere Mengen benutzen Sie am besten eine Handreibe, ansonsten genügen einfache Gemüsereiben. Frisch geriebener Käse schmeckt frischer und kräftiger als geriebener Käse aus Tüten, denn gerieben trocknet er schnell aus oder wird ranzig.

Ähnlich liegt der Fall beim Pfeffer: Nur frisch gemahlener Pfeffer besitzt sein intensiv-blumiges Aroma. Eine Pfeffermühle oder ein Mörser sind eine sinnvolle Anschaffung.

Praktisch ist ein Backpinsel zum Einfetten der Form. Als Fett eignet sich Butter am besten, da sie dem Auflauf geschmacklich den letzten Pfiff gibt. Zu einigen Aufläufen mit Mittelmeercharakter paßt auch Olivenöl ausgezeichnet. Bei sehr luftiger Auflaufmasse soll die Form nur am Boden gefettet werden, damit der Auflauf am Rand „Halt" findet.

Die Auflaufform sollte nie höher als zu Dreiviertel gefüllt werden, damit der Auflauf nur auf- und nicht überläuft. Am Rand haftende Fett- oder Teigreste abwischen, damit sie beim Backen nicht unansehnlich schwarz verbrennen. Aufläufe mit kalten Zutaten kommen auf die untere oder mittlere Schiene, Aufläufe mit vorgegarten Zutaten auf die obere Schiene des Backofens.

Falls ein Auflauf frühzeitig braun wird, kann er mit Alufolie abgedeckt werden, damit die Kruste nicht dunkelbraun wird. Kurz vor Ende der Garzeit wird die Alufolie entfernt und der Auflauf goldbraun überbacken.

Aufläufe sollten immer sofort seviert werden. Vor allem Soufflés fallen schnell zusammen.

RATGEBER

Die Kruste

Es gibt mehrere Möglichkeiten, Aufläufen eine leckere Kruste zu verleihen. Neben der klassischen Käsekruste können Sie ihren Auflauf je nach Phantasie und Geschmack mit folgenden Krusten krönen:
1. Butterflöckchen
2. Semmelbrösel
3. Brötchenwürfel
4. Speckwürfel oder -streifen
5. zerbröselte Cracker (z.B. Tacocräcker oder Knäckebrotscheiben)
6. gemahlene oder gehackte Walnuß- oder Haselnußkerne
7. zerbröselte Cornflakes und Mandelblättchen für Süßes.

Alles läßt sich dabei vielfältig kombinieren. Aber fast immer gehören Butterflöckchen obendrauf. Probieren Sie zur Abwechslung einmal eine Mischung aus Semmelbröseln, gemahlenen oder gehackten Nüssen und geriebenem Käse. Köstlich!

Die Zutaten

Nudeln, Kartoffeln oder Reis, die vor dem Einschichten gegart werden, sollten nie vollkommen gar, sondern immer nur bißfest gekocht werden. Sie werden beim Überbacken im Ofen noch etwas weicher. Damit die Masse beim Backen zusammenhält, gießt man häufig eine Eiermilch darüber, die bei etwa 80 °C stockt und daher bindet. Durch das Unterrühren von Gewürzen, Kräutern und Käse erhält der Auflauf gleichzeitig seine charakteristische, geschmackliche Note. Häufig werden die eingeschichteten Zutaten entweder mit einer hellen Sauce (z.B. Béchamel-Sauce oder Käsesauce) oder mit Joghurt beziehungsweise Crème fraîche übergossen.

Welche Käsesorten eignen sich für Aufläufe?

Noch ein wenig Küchentechnik: Käse für warme Gerichte muß gute Schmelzeigenschaften haben. Dadurch verbindet er sich mit anderen Zutaten und unterstreicht den Geschmack. Je älter ein Käse ist, desto länger kann er großer Hitze ausgesetzt werden, ohne zu zerlaufen, Fäden zu ziehen und ohne braun oder bitter zu werden. Ideal sind deshalb die älteren Reifestufen des Gouda. Außerdem verleihen sie den Speisen eine unvergleichlich würzige Note. Überjähriger Gouda verliert wieder an Schmelzfähigkeit. Man erhält beim Überbacken somit nicht die klassische Käsekruste, sondern Flöckchen, die optisch wie auch geschmacklich äußerst attraktiv sind. Gute Schmelzeigenschaften haben neben den Hartkäsearten auch Rahmcamemberts, Blauschimmelkäse und andere fettreiche, halbfeste Käsesorten. Durch die geschmacklich sehr unterschiedlichen Käsesorten, kann der Auflauf eine sehr individuelle Note bekommen. Käse wird in Aufläufen, Gratins und Soufflés meist gerieben benötigt.

Als „Zwischenschicht" braucht man häufig auch Käsescheiben. Ein Käseschneider mit einem dünnen Draht ermöglicht sehr schöne, gleichmäßige Scheiben. Doch Vorsicht: Hartkäse ist für den feinen Draht zu fest. Alten Gouda oder Bröckelgouda deshalb reiben oder grob raffeln.

RATGEBER

Aufbewahrung von Käse

Käse fühlt sich am wohlsten unter einer Käseglocke, die ihn seit alters her vor dem Austrocknen schützt. In manchen Käseglocken bildet sich unerwünschtes Schwitzwasser unter der Haube. Man kann dies leicht verhindern, indem man ein kleines Hölzchen zwischen Haube und Boden schiebt.
Der ideale Aufbewahrungsort für Käse ist ein kühler Keller oder eine Speisekammer mit einer Temperatur von etwa 12 °C. Im Kühlschrank sollte Käse immer im Gemüsefach aufbewahrt werden. Da Käse leicht austrocknet, andererseits aber auch Luft an ihn heran muß, damit er nicht schimmelt, verpackt man ihn am besten in eine atmungsaktive Frischhaltefolie oder ein beschichtetes Einwickelpapier, welches Sie gleich beim Einkauf an der Käsetheke mitbekommen.

Zubereitung einer hellen Grundsauce

Wie wird eine Mehlschwitze zubereitet?
1. Das Fett in einem Kochtopf zerlassen.
2. Das Mehl mit einem Schneebesen unterrühren und unter Rühren hell bis goldbraun schwitzen.
3. Die Flüssigkeit (Wasser, Milch, Brühe oder Sahne oder ein Gemisch aus Brühe-Sahne) unter ständigem Rühren hinzugießen.

Achtung: Heiße Flüssigkeit kann auf einmal in die Mehlschwitze gerührt werden; kalte Flüssigkeit wird in kleinen Mengen nach und nach untergerührt. Dabei ist zu beachten, daß vor jeder Flüssigkeitszugabe die Masse einmal aufkochen muß, um eine Klümpchenbildung zu vermeiden.
4. Geschmacklich wird nun die helle oder dunklere Sauce mit Gewürzen, Wein, Senf, Tomatenmark oder Käse – je nach Rezept – abgeschmeckt.

Beim Soufflé sorgt Eischnee dafür, daß die Masse beim Garen Festigkeit erhält und hochsteigt. Im Gegensatz zu Aufläufen und Gratins müssen Soufflés immer in den vorgeheizten Backofen (auch Heißluftöfen vorheizen!) geschoben werden. Grämen Sie sich nicht, wenn das Soufflé einige Zeit nach dem Backen wieder zusammensackt; je luftiger die Soufflémasse, desto schneller. Deshalb: Genießen Sie ihr Soufflé sofort. Um so besser schmeckt´s.

Nudelsorten

Insgesamt sind etwa 600 verschiedene Nudelsorten auf dem Markt, von denen einige wirkliche Klassiker geworden sind. Allerdings gibt es auch häufig für ein und dieselbe Nudelsorte mehrere Namen, die sich von Region zu Region ändern. Die bekanntesten Sorten aus dem Nudelland Italien sind:

Cannelloni sind große Röhrennudeln zum Füllen mit Fleisch oder Gemüse.
Eliche sind Schrauben- oder Spiralnudeln.
Farfalle sind Nudelschleifchen.
Fettucine sind breite Eierbandnudeln, auch als grüne (verde) oder rote (rossi) Nudeln erhältlich.
Gnocchi sind bauchige Hörnchennudeln.
Lasagnenudeln sind Nudelplatten, die auch gefärbt (verde) erhältlich sind, für Aufläufe.
Makkaroni sind längliche, dicke Röhrennudeln.
Penne sind kurze, glatte röhrenförmige schräg geschnittene Nudeln (auch gerippt als Penne rigate).
Rigatoni sind kurze dicke Röhrennudeln mit gerippter Oberfläche.
Spaghetti sind lange, dünne Nudeln, die in verschiedene Stärken erhältlich sind.
Tagliatelle sind schmale Eierbandnudeln.
Tortellini sind getrocknete Eiernudeln mit Füllung.

KAPITELREGISTER

GEMÜSE-AUFLÄUFE UND -GRATINS 6-35

Auberginen-Tomaten-Auflauf	35
Bäckers Spinat-Auflauf	22
Blumenkohl-Auflauf mit Schinken	31
Broccoli-Gratin	19
Broccoli-Schinken-Auflauf	32
Bunter Paprika-Auflauf	32
Champignon-Broccoli-Auflauf	9
Champignon-Zucchini-Auflauf	24
Chinakohl-Gratin	20
Erbsen-Auflauf mit pikanter Quarkhaube	30
Fenchel-Auflauf	10
Fenchel, gratiniert	24
Gemüse-Auflauf	8
Gemüse-Auflauf unter der Haube	14
Grünes Quark-Gratin	14
Hügel-Gratin	29
Italienischer Gemüse-Auflauf	27
Kohlrabi-Schinken-Auflauf	23
Kürbis-Auflauf mit Schafskäse	27
Mais-Auflauf	16
Pfannkuchen-Gratin	12
Rosenkohl-Auflauf	8
Sauerkraut-Auflauf	11
Spargel-Auflauf	20
Überbackener Broccoli	21
Überbackener Spargel	17
Ungarischer Sauerkraut-Auflauf	19
Walliser Gratin	28
Zucchini-Auflauf Feodora	13
Zwiebel-Gratin	34

KARTOFFEL-AUFLÄUFE UND -GRATINS 36-59

Bunter Kartoffel-Auflauf	47
Exotischer Kartoffel-Auflauf	44
Kartoffel-Apfel-Auflauf	52
Kartoffel-Auflauf Antje	59
Kartoffel-Auflauf Gärtnerin	50
Kartoffel-Auflauf, klassisch	38
Kartoffel-Auflauf mit Äpfeln und Blutwurst	49
Kartoffel-Auflauf mit Hackfleisch	58
Kartoffel-Auflauf mit Kasseler und Gemüse	57
Kartoffel-Gnocchi	46
Kartoffel-Gratin	40
Kartoffel-Gratin mit Champignons	55
Kartoffel-Käse-Auflauf	51
Kartoffel-Möhren-Gratin	39
Kartoffel-Pizza	40
Kartoffel-Porree-Gratin	42
Kartoffel-Rettich-Gratin	54
Kartoffel-Rosenkohl-Auflauf	52
Kartoffel-Sellerie-Gratin	43
Kartoffel-Speck-Auflauf	57
Kartoffel-Tomaten-Auflauf mit Hackfleisch	38
Kartoffel-Zucchini-Gratin	44
Süßkartoffel-Kohlrabi-Gratin	48
Überbackener Kartoffelring	41

NUDEL- UND REIS-AUFLÄUFE 60-87

Auberginen-Lasagne	62
Bunter Nudel-Auflauf	86
Cannelloni auf Blattspinat	75
Cannelloni-Auflauf	86
Gebackener Krautreis	81
Gemüse-Lasagne	85
Landfrauen-Auflauf mit Frühlings-Quark	77
Lasagne al Forno	65
Lasagne mit Basilikum	72
Lasagne mit Mangold	66
Lasagne Verde	84
Makkaroni-Auflauf mit Schinken	70
Makkaroni-Gemüse-Käse-Auflauf	68
Nudel-Auflauf	78
Nudel-Auflauf mit Pilzen	74
Nudel-Auflauf mit Putenbrust	71
Nudel-Auflauf mit Sauerkraut	87
Nudel-Gratin	82
Nudel-Spinat-Auflauf	64
Quark-Nudel-Auflauf	80
Ravioli-Auflauf	69
Reis-Auflauf mit Mangold	66
Reis-Gemüse-Gratin	79
Tomaten-Reis-Auflauf	72
Tortellini-Auflauf	63
Würziger Reis-Auflauf	82
Zucchini-Nudel-Auflauf	77

FISCH- UND FLEISCH-AUFLÄUFE UND -GRATINS 88-117

Auberginen-Hackfleisch-Gratin	94
Bayerischer Knödel-Wurst Auflauf	104
Birnen-Speck-Auflauf	93
Brot-Auflauf	101
Couscous-Auflauf	103
Fisch-Auflauf	90
Fisch-Auflauf mit Dill-Sauce	108
Fisch-Auflauf mit Tomaten und Käse	108
Gemüse-Auflauf mit Meeresfrüchten	99
Gratin mit Meeresfrüchten	110
Hack-Auflauf mit Kidneybohnen	99
Hackfleisch-Tomaten-Auflauf	97
Hähnchen-Gemüse-Auflauf	116
Kabeljau-Rote-Bete-Gratin	106
Kalbfleisch-Auflauf	113
Lammfleisch-Auberginen-Auflauf	112
Mett-Gratin	94
Moussaka	111
Nudel-Auflauf mit Lammfleisch	114
Puten-Auflauf mit Staudensellerie	117
Putenbrust-Gratin	90
Räucherfisch-Auflauf	91
Rouladen-Gratin	104
Sardische Fisch-Makkaroni	102
Seelachs-Gemüse-Auflauf	92
Spiralnudeln mit Hähnchenbrust	100
Thunfisch-Auflauf	96
Thunfisch-Auflauf à la Cannes	114
Ziegenkäse-Gratin	107

SÜSSE AUFLÄUFE UND GRATINS 118-133

Aprikosen-Auflauf	121
Aprikosen-Auflauf mit Reis	124
Bananen-Lasagne	120
Cannelloni mit Topfenfüllung und Kirschen	126
Kirsch-Quark-Auflauf	123
Kompott-Auflauf	128
Krokant-Auflauf	130
Kürbis-Auflauf mit Limonenschaum	131
Omas Hirse-Auflauf	122
Pfirsiche mit Sahne-Haube	132
Pflaumen-Auflauf	120
Quark-Auflauf	127
Quark-Mandel-Auflauf	133
Reis-Auflauf	124
Rhabarber-Auflauf	128
Zwetschen-Birnen-Auflauf	130
Zwieback-Auflauf	132

SOUFFLÉS 134-147

Bananen-Soufflé	141
Bataten-Soufflé	144
Crêpes Soufflé	144
Drei-Korn-Soufflé	140
Kartoffel-Soufflé	138
Käse-Soufflés	142
Kleine Käse-Soufflés Amsterdam	143
Lebkuchen-Soufflé	147
Möhren-Soufflé	138
Omelette Soufflé	147
Petersilien-Soufflé	137
Schokoladen-Soufflé	136
Schokoladen-Soufflé mit Ananas	147
Spargel-Soufflé mit Orangen	136

RATGEBER 148-155

Aufläufe, Gratins oder Soufflés	150
Die Auflaufform	150
Nützliche Auflauftips	151
Die Kruste	152
Die Zutaten	152
Welche Käsesorten eignen sich für Aufläufe?	153
Aufbewahrung von Käse	154
Zubereitung einer hellen Grundsauce	154
Nudelsorten	155

ALPHABETISCHES REGISTER

A

Aprikosen-Auflauf	121
Aprikosen-Auflauf mit Reis	124
Auberginen-Hackfleisch-Gratin	94
Auberginen-Lasagne	62
Auberginen-Tomaten-Auflauf	35

B

Bäckers Spinat-Auflauf	22
Bananen-Lasagne	120
Bananen-Soufflé	141
Bataten-Soufflé	144
Bayerischer Knödel-Wurst Auflauf	104
Birnen-Speck-Auflauf	93
Blumenkohl-Auflauf mit Schinken	31
Broccoli-Gratin	19
Broccoli-Schinken-Auflauf	32
Broccoli, überbacken	21
Brot-Auflauf	101
Bunter Kartoffel-Auflauf	47
Bunter Nudel-Auflauf	86
Bunter Paprika-Auflauf	32

C

Cannelloni auf Blattspinat	75
Cannelloni mit Topfenfüllung und Kirschen	126
Cannelloni-Auflauf	86
Champignon-Broccoli-Auflauf	9
Champignon-Zucchini-Auflauf	24
Chinakohl-Gratin	20
Couscous-Auflauf	103
Crêpes Soufflé	144

D

Drei-Korn-Soufflé	140

E

Erbsen-Auflauf mit pikanter Quarkhaube	30
Exotischer Kartoffel-Auflauf	44

F

Fenchel, gratiniert	24
Fenchel-Auflauf	10
Fisch-Auflauf	90
Fisch-Auflauf mit Dill-Sauce	108
Fisch-Auflauf mit Tomaten und Käse	108
Fisch-Makkaroni, Sardische	102

G

Gebackener Krautreis	81
Gemüse-Auflauf	8
Gemüse-Auflauf, italienischer	27
Gemüse-Auflauf mit Meeresfrüchten	99
Gemüse-Auflauf unter der Haube	14
Gemüse-Lasagne	85
Gratin mit Meeresfrüchten	110
Gratin, Walliser	28
Grünes Quark-Gratin	14

H

Hack-Auflauf mit Kidneybohnen	99
Hackfleisch-Tomaten-Auflauf	97
Hähnchen-Gemüse-Auflauf	116
Hirse-Auflauf, Omas	122
Hügel-Gratin	29

I

Italienischer Gemüse-Auflauf	27

K

Kabeljau-Rote-Bete-Gratin	106
Kalbfleisch-Auflauf	113
Kartoffel-Apfel-Auflauf	52
Kartoffel-Auflauf Antje	59
Kartoffel-Auflauf, bunter	47
Kartoffel-Auflauf, exotischer	44
Kartoffel-Auflauf Gärtnerin	50
Kartoffel-Auflauf, klassisch	38
Kartoffel-Auflauf mit Äpfeln und Blutwurst	49
Kartoffel-Auflauf mit Hackfleisch	58
Kartoffel-Auflauf mit Kasseler und Gemüse	57

Kartoffel-Gnocchi	46
Kartoffel-Gratin	40
Kartoffel-Gratin mit Champignons	55
Kartoffel-Käse-Auflauf	51
Kartoffel-Möhren-Gratin	39
Kartoffel-Pizza	40
Kartoffel-Porree-Gratin	42
Kartoffel-Rettich-Gratin	54
Kartoffelring, überbackener	41
Kartoffel-Rosenkohl-Auflauf	52
Kartoffel-Sellerie-Gratin	43
Kartoffel-Soufflé	138
Kartoffel-Speck-Auflauf	57
Kartoffel-Tomaten-Auflauf mit Hackfleisch	38
Kartoffel-Zucchini-Gratin	44
Käse-Soufflés	142
Käse-Soufflés Amsterdam, kleine	143
Kirsch-Quark-Auflauf	123
Kleine Käse-Soufflés Amsterdam	143
Knödel-Wurst-Auflauf, bayerischer	104
Kohlrabi-Schinken-Auflauf	23
Kompott-Auflauf	128
Krautreis, gebackener	81
Krokant-Auflauf	130
Kürbis-Auflauf mit Limonenschaum	131
Kürbis-Auflauf mit Schafskäse	27

L

Lammfleisch-Auberginen-Auflauf	112
Landfrauen-Auflauf mit Frühlings-Quark	77
Lasagne al Forno	65
Lasagne mit Basilikum	72
Lasagne mit Mangold	66
Lasagne Verde	85
Lebkuchen-Soufflé	147

M

Mais-Auflauf	16
Makkaroni-Auflauf mit Schinken	70
Makkaroni-Gemüse-Käse-Auflauf	68
Mett-Gratin	94
Möhren-Soufflé	138
Moussaka	111

N

Nudel-Auflauf	78
Nudel-Auflauf, bunter	86
Nudel-Auflauf mit Lammfleisch	114
Nudel-Auflauf mit Pilzen	74
Nudel-Auflauf mit Putenbrust	71
Nudel-Auflauf mit Sauerkraut	87
Nudel-Gratin	82
Nudel-Spinat-Auflauf	64

O

Omas Hirse-Auflauf	122
Omelette Soufflé	147

P

Paprika-Auflauf, bunter	32
Petersilien-Soufflé	137
Pfannkuchen-Gratin	12
Pfirsiche mit Sahne-Haube	132
Pflaumen-Auflauf	120
Puten-Auflauf mit Staudensellerie	117
Putenbrust-Gratin	90

Q

Quark-Auflauf	127
Quark-Gratin, grünes	14
Quark-Mandel-Auflauf	133
Quark-Nudel-Auflauf	80

R

Räucherfisch-Auflauf	91
Ravioli-Auflauf	69
Reis-Auflauf	124
Reis-Auflauf mit Mangold	66
Reis-Auflauf, würziger	82
Reis-Gemüse-Gratin	79
Rhabarber-Auflauf	128
Rosenkohl-Auflauf	8
Rouladen-Gratin	104

ALPHABETISCHES REGISTER

S
Sardische Fisch-Makkaroni 102
Sauerkraut-Auflauf 11
Sauerkraut-Auflauf, ungarischer 19
Schokoladen-Soufflé 136
Schokoladen-Soufflé mit Ananas 147
Seelachs-Gemüse-Auflauf 92
Spargel-Auflauf 20
Spargel-Soufflé mit Orangen 136
Spargel, überbackener 17
Spinat-Auflauf, Bäckers 22
Spiralnudeln mit Hähnchenbrust 100
Süßkartoffel-Kohlrabi-Gratin 48

T
Thunfisch-Auflauf 96
Thunfisch-Auflauf à la Cannes 114
Tomaten-Reis-Auflauf 72
Tortellini-Auflauf 63

U
Überbackener Broccoli 21
Überbackener Kartoffelring 41
Überbackener Spargel 17
Ungarischer Sauerkraut-Auflauf 19

W
Walliser Gratin 28
Würziger Reis-Auflauf 82

Z
Ziegenkäse-Gratin 107
Zucchini-Auflauf Feodora 13
Zucchini-Nudel-Auflauf 77
Zwetschen-Birnen-Auflauf 130
Zwieback-Auflauf 132
Zwiebel-Gratin 34

Wir danken für die freundliche Unterstützung:
Ketchum PR, München
Axel Springer Verlag, Hamburg
Wirths PR, Fischach